¿A QUÉ ESPERAS PARA SER FELIZ?

JAVIER SCHLATTER

¿A QUÉ ESPERAS PARA SER FELIZ?

Del estoicismo a la esperanza

EDICIONES RIALP

MADRID

© 2026 *by* Javier Schlatter
© 2026 *by* EDICIONES RIALP, S. A.,
   Manuel Uribe 13-15 - 28033 Madrid
   (www.rialp.com)

Preimpresión: www.produccioneditorial.com

ISBN (edición impresa): 978-84-321-7255-7
ISBN (edición digital): 978-84-321-7256-4
ISBN (edición bajo demanda): 978-84-321-7257-1
ISNI: 0000 0001 0725 313X
Depósito legal: M-21255-2025
Impreso en Anzos, S. L., Fuenlabrada (Madrid)

«A distinguir me paro las voces de los ecos,
y escucho solamente, entre las voces, una».

ANTONIO MACHADO, *Retrato*

ÍNDICE

INTRODUCCIÓN A LA FELICIDAD

TODO LO QUE NOS PROPONEMOS y hacemos, de un modo más o menos directo, persigue la felicidad. Esta, como el amor, contiene una semilla de eternidad, un *para siempre*. Un deseo de no perderla nunca y de recuperarla cuanto antes si nos ha abandonado. A la vez, la mayoría de nuestros días transcurren sin esa sensación de felicidad y, por momentos, la vida se nos hace especialmente dura. Es la gran paradoja a la que Julián Marías llamaba el *imposible necesario*.

¿QUÉ ENTENDEMOS POR FELICIDAD?

Nunca olvidaré el día en el que aquella mujer, entrada en años, pero rebosante de vitalidad, me dijo con una mirada franca: *he tenido una vida plena, ya me puedo ir cuando Dios quiera.* No había sido la suya, precisamente, una vida de campanillas: su familia, su fe, sus amistades,

11

su trabajo… Sonrisas y lágrimas. Pero eso sí, un corazón pleno, satisfecho. Una vida llena de vidas. Pocas realidades hay tan fáciles de reconocer y, a la vez, tan difíciles de definir y de conseguir. Para algunos, una vida feliz es el resultado de acumular el máximo de sensaciones posibles y de emociones positivas; para otros es no carecer de nada; otros hablan de una vida lograda, que ha cubierto sus objetivos, su versión *prime*.

Estamos alegres cuando tenemos o experimentamos un bien. Según el tipo de bien que sea, su intensidad y su duración, nuestra alegría será mayor o menor. Cuando la alegría no se debe a la experiencia concreta de un bien, sino que es fruto de la experiencia global de vida de una persona, la llamamos felicidad. *Estoy* alegre, frente a *soy* feliz. Como el amor es el mayor de los bienes, se entiende que cuando la alegría y la felicidad son profundas es porque tienen su raíz principal en el amor. Esto se ve con más claridad ante las dificultades de la vida. El amor siempre vence, *amor omnia vincit,* decían los clásicos.

Es interesante que, aunque todos la deseamos y la mayoría de nuestros momentos alegres son compartidos, la felicidad es muy *personal*, tanto por lo que nos hace felices como por el modo de percibirla. Ante una misma situación, mientras unos se sienten inmensamente felices, otros permanecen indiferentes. De ahí también lo arriesgado y equivocado de saber quién es más feliz. Por lo mismo, es simplista y casi ridículo pretender conseguirla conformándose con vivir una lista de claves ofrecidas por algún sesudo experto. Además, aunque alguien consiga hacer temporalmente feliz a otra persona, siempre sería una tarea personal e intransferible. Cada uno ha de saber qué necesita para lograrlo, y ponerse a ello.

Este carácter tan personal y profundo hace que muchas personas se incomoden cuando les preguntas si son felices. Es frecuente confundir la felicidad con tener cosas materiales, o con lo que nos pasa. De hecho, en muchos idiomas, la palabra felicidad habla de fortuna, suerte... Otras veces, se tiene una visión demasiado emotiva, como si solo fuera un estado de ánimo. La felicidad se siente, es verdad, pero no es algo puramente psicológico. La felicidad nos llena, ilumina todos los rincones del alma, *nos embarga*, solemos decir. Es la vida misma en su plenitud, aunque sea limitada. Por último, lo personal de la felicidad también se refiere a que solo la damos o recibimos auténticamente cuando nos comportamos o somos tratados como personas, y no como objetos de placer, compañía, bienestar, etc.

Se suele distinguir una felicidad de fondo, que da estabilidad, de lo que son picos o chispazos de felicidad. La primera nos protege de tener un bajón ante algo negativo, o del vacío que suele sobrevenir tras una subida. Además, ese tono positivo estable facilita que haya picos de felicidad, incluso de manera espontánea. Ese fondo es más sentimiento que emoción, y se apoya sobre grandes pilares como la autoestima, el proyecto de vida, querer y sentirse querido, sabernos libres, etc. En cambio, los picos de felicidad, aunque se sientan con más fuerza también por su novedad, duran un tiempo más breve, suelen producir abstinencia cuando terminan, y no siempre los tenemos a nuestro alcance.

Es tentador, pero sería un error, querer construir una vida feliz, iluminada, a base de chispazos de felicidad. En estos casos, es fácil deslumbrarse... o terminar chamuscado. El placer es un ingrediente natural de la felicidad, pero no es lo mismo una vida placentera, al alcance también en gran medida de los animales, que una vida feliz. El placer distrae —se habla de vida disipada—, mientras que la felicidad nos enfoca en la realidad, y mueve a la persona entera. El primero lleva a vivir la vida con aceleración, capturando sensaciones; la segunda, permite una vida plena y centrada en el aquí y ahora. Esos chispazos recuerdan a los de la verdad y la belleza, pues con la misma rapidez con la que vienen, se nos escapan. La felicidad deja poso, nos conecta con lo permanente. Por otra parte, tiene algo de caprichosa, juega con nosotros. Aparece de pronto, sin previo aviso, a veces en medio de un gran dolor, y otras nos abandona en plena *fiesta* con cualquier *excusa*. No es raro que seamos conscientes de ella precisamente cuando se ha ido, como dice J. Prevert: *He reconocido la felicidad por el ruido que ha hecho al marcharse*; o mucho tiempo después, desde la nostalgia.

Entonces, ¿en qué consiste la felicidad? ¿Qué hay de común cuando decimos que somos felices? Desde luego tiene que ver con sensaciones agradables de alegría, paz, placer, plenitud o bienestar. Todas son indicios de que somos felices, pero no *son* la felicidad. Queremos tener momentos placenteros, de paz o bienestar, pero la felicidad a la que aspiramos es algo más profundo y estable. Tiene más que ver con la satisfacción del trabajo bien hecho que con la alegría por sacar un 10. Se acerca más a tener mis necesidades básicas cubiertas que a lograr todos mis deseos. Tiene algo de escapada de fin de semana, pero tiene más de la paz que suele acompañar a un ritmo de vida sereno.

¿Cómo se alcanza la felicidad?

La felicidad se tiene que notar; si no, no es felicidad. Y por eso las circunstancias, el contexto, tienen también un papel importante, tanto las muy básicas como las muy *elevadas.* Disfrutamos más de una comida apetitosa cuando lo hacemos despacio, en agradable compañía, distinguiendo cada sabor o aroma, cuando nos explican qué estamos comiendo y apreciamos su valor, y también cuando la terminamos con una agradable sobremesa. En las actividades más elevadas también nos llena más contemplar una obra de arte de la que previamente nos hemos informado, o pararnos a detectar detalles que nos impresionen, sin caer en el tópico de cazar la foto a la carrera, como si solo eso ya nos enriqueciera. Para sentirnos felices tenemos que estar receptivos, conscientes, con la mente abierta, y en paz.

Por otra parte, siempre hacemos una interpretación personal de lo que percibimos. Es una valoración que tiene nuestro sello, *marca de la casa.* En general, se dice que tendemos a ser críticos y más bien negativos, lo cual choca con nuestra búsqueda natural de felicidad. Por eso, nos viene tan bien cultivar la sensibilidad, adquirir el hábito de quedarnos con lo positivo frente a prejuicios, huir de las prisas, etc.

Y si nacemos con un deseo irrenunciable de felicidad, entonces, ¿somos los culpables de no lograrlo? Y en ese caso, ¿qué estamos haciendo mal? Quien esté convencido de que no hay un después, se jugará toda su felicidad a la carta de esta vida, y coherentemente, intentará acumular el mayor número de momentos felices y de máxima intensidad, para obtener esa vida plena a la que aspira. Llegado el final, *game over*. Quien tenga una visión trascendente, no renunciará a la felicidad en esta vida, pero sí quizás a algunos objetivos que hagan peligrar la futura, y vivirá sabiendo que lo mejor está todavía por llegar, y será para siempre. ¿Quién ha dicho que es incompatible tener una buena vida y tenerla para siempre?

Son dos modos diferentes de acercarnos a la felicidad. Unos la tienen como el objetivo de su vida. Vivo para ser feliz y, por tanto, todo lo que me produzca felicidad, lo quiero, y lo que me la quite, no. Es un planteamiento atractivo en la medida que el progreso nos ha convencido de que es viable. Ser más o menos feliz depende de que pongas los medios. Es una ecuación infalible y universal, que permite marcarse objetivos e incluso cuantificar la felicidad. Si no eres feliz, es porque no quieres. Si tienes a tu alcance todos los ingredientes para serlo —trabajo, pareja, salud...— ¿de qué te quejas? Que nada ni nadie te amargue la vida...

En el otro polo están quienes ven la felicidad como la consecuencia de un modo de vivir. Una vida coherente con los valores, que busca hacer felices a los demás, una vida llena de vidas..., ayuda a ser feliz. Aunque no sepas con certeza y en concreto por qué eres feliz, pero eres feliz porque... A final de cuentas, la felicidad dependerá de que aquello que has considerado y cuidado como lo más valioso toda tu vida, realmente lo sea.

16

Si es connatural al hombre, ¿basta con dejarse llevar? La sensación de tranquilidad tras una merecida jubilación, de un *por-fin-viernes*, de soñar que nos toque el Gordo para *colgar las botas*, o del conocido *dolce-farniente*, son alivios que duran poco si se trata de una vida *llena de vacío*. Aunque no la busquemos directamente, la felicidad es para el que se la trabaja. El camino de acceso se construye con decisiones libres y realidades, como el agricultor que trabaja la tierra confiando que dé su fruto. Frente al tan cacareado estado del bienestar, la humanidad nunca encontró incompatible una vida feliz con el esfuerzo de levantarse cada mañana y afrontar las dificultades. No es verdad que, a menos dificultades, más felicidad. En la vida hay épocas de vacas flacas y de vacas gordas, pero la felicidad es independiente de la silueta de las mismas.

Y ¿qué es lo que nos hace ser más felices? Hay innumerables citas y referencias, y el motivo es que todos querríamos disponer de un manual —breve, a ser posible— de instrucciones, con sello de calidad, por supuesto. Afortunadamente, los autores coinciden bastante, e incluyen tener un mínimo de condiciones de vida y de bienestar asegurados. Algo tan sencillo en apariencia, pero que supone para muchos la causa de su infelicidad. Además, hay que procurarse momentos de disfrute en las relaciones interpersonales, aficiones, etc. Ayuda mucho la satisfacción por logros personales, profesionales, etc., coherentes con un proyecto de vida que da sentido a nuestra existencia: por qué sigo vivo, y por qué daría mi vida. Amar y sentirse amado, algo que experimentamos especialmente con el otro/la otra, pero que también perdura en los hijos, y que es muchas veces el argumento fundamental. Si, además, se tiene una visión trascendente, esta pone un resello a todo lo que hacemos y nos proyecta hacia una vida futura de plenitud. Y ya tenemos la ecuación completa.

¿QUÉ CARACTERÍSTICAS TIENE LA FELICIDAD?

Algunas personas se sorprenden de que tienen todo lo que se supone necesario para ser felices, y sin embargo no lo son. Tampoco nos asombra que un país, envidiable por su calidad de vida y a la cabeza del ranking mundial de felicidad, tenga también altos índices de suicidio y de vivencias de soledad. ¿Por qué la felicidad es tan poco *razonable*?

La felicidad, como el amor, contiene una semilla de eternidad. Cuando somos felices no queremos que termine nunca. Que no pare la música. En esos momentos, la percepción del tiempo se desdibuja, pasa demasiado rápido, y esa fugacidad alimenta a su vez el deseo de que nunca termine.

Para ser feliz tengo que intuir que voy a seguir siéndolo. Si creo que mañana no lo seré, automáticamente disminuye mi felicidad. Y al revés, si ahora no lo soy, pero pienso que después sí, empezaré a disfrutar de esa expectativa. La espera, potenciada por la imaginación, alimenta la felicidad. Anticipar es como represar agua en un pantano: cuando se abran las compuertas se inundará el valle. De lo contrario, el único disfrute vendrá del goce en el momento fugaz de su consecución, con el contrapunto negativo de ver que empieza a consumirse. Hay mucho de ilusión en la felicidad, y por eso, cultivar la ilusión, anticipar algo que parece divertido, soñar con el porvenir, no es felicidad, pero la alimenta[1].

En esta línea, hay dos realidades que van aparentemente en contra de la felicidad. Una es que el tiempo no da marcha atrás: lo que pasó, pasó. A la vez, muchas cosas tienen su momento oportuno, que no volverá: *juventud, divino tesoro…* Y la otra, la muerte. El hombre es mortal porque puede fallecer en cualquier momento, pero, sobre todo, porque tiene que morir. Quien la ve como el punto final de todo, solo puede ser feliz olvidándose a propósito de ella, cosa que, por otra parte, suele ocurrirnos habitualmente sin proponérnoslo. La situación es extraña: ansiamos ser felices para siempre, pero la muerte parece negarlo, y necesitamos vivir con la ficción de que no va a llegar. Se diría que la felicidad tiene algo de falsedad. Sin esperanza en la otra vida, la felicidad es una joya montada sobre un olvido que se sabe culpable… Algo parecido al enamorado que no puede imaginar la aniquilación de su amada.

La palabra felicidad proviene del latín *felix*: el que da frutos. Esta, como el bien, tiende a expandirse, a contagiarse. El amor de amistad busca ampliar el círculo de amigos, a compartir ese tesoro. Cuando alguien es feliz sale de sí, y cuando una persona sale de sí, es más feliz. Las puertas de la felicidad se abren hacia fuera. Hay más en dar que en recibir. De igual modo, una de las cosas que nos hace sentirnos más felices es contemplar una obra propia acabada, una creación artística, la culminación de algo que ha salido de uno mismo. Y qué decir de la paternidad-maternidad, de dar vida…

---

[1] *La felicidad humana.* J. Marías. Alianza Ed. Madrid, 1989.

Si, como decían los clásicos, el hombre solo necesita para ser feliz vivir conforme a su naturaleza, puede resultar una tarea costosa, pero no debería ser compleja. ¿Por qué entonces hay tantas personas que no lo consiguen, pese a desearlo con todas sus fuerzas? ¿Qué es lo que no hay que hacer, o cuáles son los principales errores y trampas?

La primera es no idealizarla, no pensar que podemos lograr una felicidad perfecta que nadie ha conocido, con permiso de Walt Disney. Toda felicidad es incompleta. Si somos limitados, nuestra felicidad también. No es necesario, por otra parte, que se cumplan todos mis deseos ni *que no nos falte de na*, como dice la copla. Basta tener cubiertos unos mínimos del *recipiente*. De hecho, en la medida que nos creamos más necesidades, la cosa se nos complica. Es la diferencia entre carencia y privación: carecer es sencillamente no tener algo, pero estar privado es carecer de algo que supongo que he de tener o necesito. Carecer de alas no me hace infeliz, pero no tener compañía es fácil que sí. Además, aunque la felicidad aspire a más, no es estrictamente necesario tener algo determinado para ser feliz.

Otro peligro son las falsas expectativas. Esto nos pasa cuando el recipiente que esperamos llenar es demasiado grande, o cuando somos algo inmaduros y no reconocemos nuestras limitaciones o las de la vida. Entonces surgen el desencanto, el desconcierto, la frustración ante el incumplimiento de esas expectativas, y con ellos la infelicidad. Ha llegado el momento de una sana aceptación, de atreverse quizá a desear menos y ser más realista. Vale más querer lo que se tiene que entristecerse por lo que no se tiene.

También cabe el escepticismo de pensar que la felicidad no existe, que es imposible. Alguno puede estar todo el día lamentándose por confundir la felicidad imperfecta con la infelicidad. Sería triste que alguien abandonara su búsqueda porque supone un esfuerzo, pero más triste aún sería que no se atreviera ni a desearlo, por verlo irrealizable. Hay que asumir un riesgo, pero esa inseguridad debería tener más de ilusión que de miedo. Recientemente, Arthur C. Brooks ha propuesto el término *happierness* para recordarnos que la cuestión no es *ser-o-no-ser-feliz*, o si algo me hará o no feliz, sino si puedo y quiero ser *más feliz* y cómo intentarlo. Puedo decir que no estoy en forma, pero parece más práctico plantearme qué hacer para lograrlo.

Quizás *influidos* por el estoicismo, algunos piensan que la felicidad es incompatible con pasarlo mal, con las emociones negativas. Conviene recordar que se las llama así no porque sean malas o insanas, sino porque expresan algo desagradable. En ese sentido es imposible evitarlas porque son un reflejo de la realidad, imperfecta, y solo podemos ser auténticamente felices desde la realidad. En la vida, como en botica, hay de todo: alegrías y tristezas, éxitos y fracasos, y todos en distinta medida. No es bueno pensar que la alegría es buena y la tristeza mala por sí mismas. Además, las cosas no son buenas-malas ni la vida es digna-indigna por aportar satisfacción o sufrimiento. Por esto, la primera condición para que seas feliz es permitirte no serlo, reservar un asiento en tu vida a la infelicidad. Como dice Miguel D'Ors: *La felicidad consiste en no ser feliz, y que no te importe.* Otros autores, y el estoicismo moderno, no hablan de evitar las emociones negativas, sino de lograr un equilibrio emocional y de manejar bien esas emociones. No se trata de no tener impulsos, emociones o pasiones, sino de ser dueño de ellas.

Por último, un error bastante común es fabricarse falsos ídolos de felicidad, supuestos atajos menos costosos. Quien cree que solo con acumular dinero, placeres, poder, fama, etc., va a ser feliz, en el fondo, no cree en la felicidad, *sospecha de la banca* —en lenguaje de los juegos de mesa— y de que haya luz al final del túnel. Quiero luz, quiero premio, y los quiero ya. El clásico pájaro en mano. Quieren conseguir la luz de la felicidad a base de innumerables chispas con la ilusión de que muchas de ellas juntas prendan fuego o, al menos, que me quiten *lo bailao*. Reducen la felicidad a un estado de ánimo o a una situación, a la vez que la confunden con —sucedáneos— que provocan sensaciones básicas de algo de felicidad. Son cosas pasajeras que generan tolerancia, terminan reclamando más, y suelen desembocar en el hastío. Muchas adicciones beben de esta fuente.

¿SE PUEDE SER FELIZ PESE A LAS DIFICULTADES?

¿Es posible realmente alcanzar la felicidad a pesar de tantos problemas, carencias y enfermedades? Si hubiera que dar una repuesta taxativa, sería que sí. Hay innumerables personas que reconocen haber tenido una vida plena, haber sido felices a pesar de tener las mismas o incluso más dificultades que los demás. ¿Cuáles son las claves para conseguirlo cuando el camino se pone cuesta arriba o se oscurece?

La felicidad nos habla de algo que fluctúa, pero estable, no de situaciones concretas. Un buen clima es compatible con una época de tormentas. Es un equilibrio dinámico en el que, por momentos, parece que perdemos la felicidad, para al poco tiempo recuperarla, con los recursos ordinarios. Tiene más de gota a gota que de inundación, y se apoya en los pilares fundamentales de la persona: familia, amistades, trabajo, espiritualidad.

Decir de alguien que es *un feliciano* es peyorativo, tiene un sentido de ingenuidad. El aludido no se está enterando de qué va la vida: es una persona inmadura, que no se hace cargo, que tal vez pueda evitar temporalmente el peso de la vida, pero no es realmente feliz. Sin madurez, no hay felicidad, solo frivolidad, superficialidad. Como veremos, el optimismo es una actitud ante la vida que contribuye a hacernos felices. Pero también colaboran la amabilidad, pues si somos amables recibiremos más amor; la adaptabilidad para no encasquillarnos en algún punto del camino ni generar roces innecesarios; una sana autoestima para permitirnos no ser perfectos ni caer en monólogos estériles; ser agradecidos que es lo propio de quien ve la vida como un regalo, o confiar, aun a costa de alguna que otra decepción.

Lo cierto es que hay más felicidad en cómo interpretamos y vivimos las cosas que en ellas mismas. Por eso tampoco podemos olvidar lo positivo que se esconde detrás de lo que no va como nos gustaría. Con frecuencia son precisamente las dificultades las que nos hacen crecer y madurar para poder ser felices. Otras veces, sencillamente, nos ayudan a reconocernos en nuestra realidad, con nuestras fortalezas y debilidades. Decía

Ortega que vivir es elegir, y que cuando elegimos algo, *des-elegimos* otras cosas. Muchas veces esta obviedad, este límite de la realidad, es fuente de sufrimiento. El dolor nos ayuda de modo especial a reconocer nuestra fragilidad, porque ante otras limitaciones personales como equivocarnos o ser injustos nos podemos auto-engañar sin mala intención. No sé si el mal tiene un sentido en sí, pero esforzarse por hacer el bien, por superar el mal o por ayudar al que lo padece, sí lo tiene. Todos hemos de tener una respuesta al sufrimiento, un porqué. No podemos ignorarlo ni mirar para otro lado, ni conformarnos con apretar un palo entre los dientes como en el *lejano Oeste*... Después de todo, ningún proyecto o ideal que merezca la pena, se consigue sin esfuerzo.

En ocasiones, esas *tormentas* de la vida nos obligan a cambiar la ruta. Una trayectoria que pensábamos hasta ese momento que era la apropiada, ahora vemos que no. Y es que la vida no deja de sorprendernos. Aunque pueda parecer monótona por momentos, si mantenemos una trayectoria es porque seguimos diciendo que sí al destino, y siempre podremos buscar alternativas sobre cómo hacerlo. El GPS nos redirige. Ante un obstáculo, quizá se trata solo de esforzarnos más, quizá de aceptar una pérdida irreparable, quizá debamos modificar temporalmente el rumbo, o necesitemos más paciencia... En todo caso, habría que conservar el proyecto esencial de nuestra vida. La suma de esas trayectorias se mueve dentro de un proyecto global, el mío. A lo largo de la vida soy el mismo, aunque mi vida no sea la misma.

¿Cuáles son los grandes planteamientos para ser feliz pese a las dificultades?

Uno de los más conocidos es el estoicismo que, pese a su antigüedad, se conserva en buen estado, y se ha hecho especialmente popular en las escuelas de negocios y recursos de autoayuda. No perder la paz a manos de las pasiones, tener claro qué está a nuestro alcance y qué no para pelear solo las batallas vencibles, o disponer exclusivamente de lo necesario para valernos por nosotros mismos sin depender de nada ni de nadie, son algunos de los principios que nos sugiere para tener una buena vida. Pero ¿es posible manejar siempre con éxito las emociones negativas? Y, si fuera posible, ¿esa es realmente la clave de la felicidad? ¿Qué respuesta da a las grandes adversidades del hombre?

A finales de siglo pasado surgió con fuerza la llamada *psicología positiva*, como una ramificación de las psicologías humanistas. Frente al planteamiento clásico de aplicar la psicología para resolver problemas mentales, esta persigue ayudar a tener una vida más plena y feliz, más *positiva*. Cómo obtener tu mejor versión, tu versión *prime*. Una especie de *fitness* mental. De modo sintético pretende que desarrolles al máximo tus fortalezas, tengas claro tu sentido o propósito de vida, a la vez que acumulas emociones positivas que no solo te harán sentir bien, sino que te motivarán a dar lo mejor de ti. Eso supone conocimiento propio, capacidad de resiliencia para crecerte ante las dificultades, y aplicar diversas pautas. Pero ¿podemos reducir la felicidad a emociones o a un sentimiento? ¿Puedes ser feliz aplicando en cada caso la herramienta precisa como en un manual de autoayuda? ¿Cuánto depende del instrumento o de la técnica, y cuánto del artista? ¿Qué ocurre cuando la receta prevista no funciona o no consigues revertir el componente negativo?

Por último, hablaremos del optimismo y la esperanza. El primero, una perspectiva o tendencia a ver lo positivo en lo que pasa, o a pensar que lo que está por venir va a ser lo mejor. Un optimismo que debería ser inteligente para no caer en la ingenuidad, y que lleve a poner los medios necesarios para que se *autocumpla* esa buena profecía. Indudablemente ser optimista alegra la vida, al menos temporalmente, y suele ser motivador cuando se enfoca bien. Pero ¿qué ocurre cuando la vida se empeña en darnos la carta mala? ¿Cuántas veces me tengo que levantar de la lona? Y qué decir de las situaciones o pérdidas irreparables, ¿realmente solo me cabe la aceptación, rociada —eso sí— de optimismo?

La definición académica de esperanza nos habla de un estado de ánimo, un estar o sentirse esperanzado, de quien ve al alcance algo deseado. ¿No es esto lo mismo que el optimismo? ¿Es la esperanza, como muchos piensan, una excusa elegante para no sufrir ahora y evitar esforzarse, seguros de que al final todo saldrá bien? ¿O es una virtud que se consigue con esfuerzo? ¿Existe una esperanza humana y otra espiritual, o son la misma? ¿Se puede ser feliz sin esperanza? Y si no se puede, ¿cómo mantener la esperanza contra toda esperanza?

No pretendo dar respuesta a todos estos interrogantes, ni mucho menos a la gran cuestión de la felicidad, pero sí tengo la ilusión —me haría más feliz— que algunas de las chispas de verdad que he podido disfrutar al escribir este libro, iluminen un poco el camino de la vida de quienes lo lean. Como diría un gran amigo marino, ¡buena singladura!

I.
EL ESTOICISMO, O LA FELICIDAD
DEL VIRTUOSO

Antes de introducirnos en la mente de un estoico es importante que sepas que su idea de felicidad es diferente de la habitual[1]. La felicidad —*eudaimonía* para ellos— no

---

[1] El estoicismo es un movimiento filosófico del final de la Grecia Antigua, al igual que los epicúreos, cínicos y escépticos. Fundado por Zenón de Citio en torno al 300 a. de C., se introduce hasta el siglo I de nuestra era. Se denomina así porque este daba sus clases en una puerta —*stoa*— del ágora de Atenas. Estos movimientos se caracterizaban no tanto por buscar la verdad, como hicieron previamente Platón y Aristóteles, sino que desarrollaron más bien una ética para tener una vida feliz. Más que filósofos eran como guías espirituales. Los estoicos supieron adaptarse a los tiempos, y algunos de sus planteamientos fueron asumidos por un incipiente cristianismo.

Para ellos hay un orden universal inscrito en la naturaleza y en el interior de cada persona. Para alcanzar la felicidad el hombre ha de vivir conforme a ese orden cuyo cumplimiento es inexorable. Al hombre no le corresponde —no puede— cambiarlo, pero debe conocerlo para discriminar lo que puedo controlar de lo que he a asumir. Los

consiste en la alegría sensible, la risa, el disfrute... sino que nos habla más bien de plenitud o vida lograda. Esa distinción llevó a Séneca, uno de sus autores más citados, a decir que *todos los hombres (...) quieren vivir felizmente, pero algunos van ciegos en esta búsqueda.*

Para los estoicos, existe un orden o razón universal que se refleja en la naturaleza o cosmos. Tienes *bien-estar* cuando estás bien contigo mismo, con los demás y con el cosmos. Gracias a ese Orden vives en el mejor mundo posible, y lo que te hace feliz es que dicho Orden se refleje en tu interior y vivas conforme a él. Por el contrario, separarte, rebelarte o intentar cambiarlo solo conduce a la infelicidad[2].

---

acontecimientos no los puedo modificar, por lo que mi felicidad y el bien no están en lo que ocurre o en lo que tengo, sino en mi actitud interior. Solo la virtud es buena en sí; el resto será bueno o malo según me haga o no virtuoso. Solo en ella radica la felicidad. Lo importante no es qué hacer, sino qué tipo de vida hay que llevar y qué tipo de persona quieres ser. Actualmente es el producto filosófico más consumido por personas ajenas a la filosofía.

Los autores más conocidos son: a) *Séneca*, cordobés contemporáneo de Jesucristo. Brillante orador, acumuló grandes riquezas y llegó a ser preceptor de Nerón. Fue el primer hispano de fama universal. Habla mucho de la psicología de las pasiones y de la voluntad; b) *Epícteto*, esclavo durante 30 años antes de dedicarse a dar clases de filosofía. Destacan sus aportaciones sobre la autonomía y libertad interiores; y c) *Marco Aurelio*, el *emperador filósofo*. Su obra fundamental es *Meditaciones*, un diario escrito al final de su vida.

[2] Si sustituimos ese Orden como destino frío e impersonal por la Providencia amorosa de un Dios Padre con todas sus consecuencias, y vemos otros aspectos del estoicismo como el desprendimiento de los bienes materiales, la importancia de las virtudes —para ellos la más importante es la prudencia, y para los cristianos la caridad—,

El azar no existe. Si algo pudiera ocurrir por causalidad, se rompería dicho Orden. Lo que esté previsto va a suceder, en cualquier caso. A nosotros lo que nos toca es aceparlo. Tu felicidad no va a depender de lo que esté fuera de tu control, que no será en sí ni bueno ni malo, ni de la diosa fortuna, sino de tu respuesta interior, de tu actitud. La felicidad fundamental es la interior y no la del goce de las cosas externas, pues cada uno tiene ya todo lo necesario para conseguirla: a uno mismo. De igual modo, el mal no está en lo que te pasa, sino en ti, cuando distorsionas el juicio. Si controlas tus juicios, controlarás tu vida.

En esa línea, no necesitamos los bienes materiales para ser felices, y no deberías depender de ellos, justamente para que no peligre tu felicidad. Si tienes la virtud, no necesitas nada más. Los bienes tienen un valor neutro, aunque se pueden usar para el bien o para el mal. No habría razón esencial para escoger una cosa antes que su contraria, aunque sean más o menos deseables o importantes.

La felicidad está a tu alcance si aceptas lo que no depende de ti, y si escoges libremente pelear en lo que sí depende, y es virtuoso. Como decía Epícteto: *No pretendas que lo que ocurre, ocurra como tú quieres, sino que quiere lo que ocurre tal como ocurre, y te irá bien.* Tu actitud ante lo que tienes y ante lo que no tienes ha de ser, de entrada, de aceptación y gratitud.

---

entenderemos su influencia en los inicios del cristianismo, y que uno de ellos, Tertuliano, citara a Séneca como *uno de nuestros autores.*

La felicidad-*eudaimonía* es un estado que nos asemeja al de los dioses. La diferencia es que ellos la tienen como algo propio, y tú tienes que conquistarla. Es un ideal inalcanzable al que aspiran los sabios o virtuosos en el sentido estoico.

Para conseguirla tienes que conocer en primer lugar lo que está bajo tu control y lo que no, y ser consciente de qué quieres hacer y por qué[3]. Realmente, lo importante no será qué hacer en concreto, sino qué tipo de vida llevar y qué tipo de persona ser.

Para conseguir la felicidad necesitas lo que algún autor ha denominado las tres patas de un taburete: la virtud, la libertad interior o *apatheia,* y la imperturbabilidad o *ataraxia.*

La virtud es lo único realmente importante, el único bien. Es la que te permite con esfuerzo vivir conforme a ese Orden que lo rige todo. Cuando se trate de algo que está bajo tu control, intenta hacerlo del mejor modo posible mediante las virtudes fundamentales que, traducidas al lenguaje clásico-cristiano, son: justicia, fortaleza, templanza y prudencia.

La *apatheia* es tener libertad frente a las pasiones, y no se debe confundir con la apatía como desgana, falta de motivación. Los estoicos entienden por pasión, especialmente lo que ahora llamamos emociones negativas: enfado, tristeza, miedo, etc. Estas no se pueden evitar y por eso no son malas en sí, pero has de saber canalizarlas,

---

[3] Un modo práctico para lograrlo que nos enseñó Marco Aurelio en sus *Meditaciones* es recoger en un diario tus reacciones y motivaciones ante los sucesos del día.

pues las pasiones son *como el humo que ciega el ojo de la razón* y no dejan ver con claridad el orden universal. Para estos autores las pasiones nos hacen vivir como animales, guiados solo por impulsos. Las emociones positivas, los deseos, etc., también necesitan de una moderación —templanza— para que no nos arrastren.

Una crítica al estoicismo es su tono frío, calculador... ¿deshumanizado? El ideal de una pasión *desapasionada*, tener que vivir las emociones dentro de unos límites, sin pasarnos, para poder ser feliz, parece poco atractivo e inalcanzable[4]. Después de todo, incluso las llamadas emociones negativas, salvo que nos arrastren al mal, solo son la expresión de cómo estoy por dentro. Las personas sentimos, tenemos corazón: emociones, sentimientos, pasiones, etc. ¿Hemos de renunciar a la compasión, a la empatía o a la misericordia para poder ser felices? Hay realidades y riquezas de la vida que, para experimentarlas, hay que percibir dolor[5]. Y, ¿por qué ha de ser imprescindible no notar las pasiones? ¿Cuántos logros en la vida de una persona y de la humanidad se deben a haber actuado

---

[4] «Nunca te diré que no sientas pena ante una pérdida, pero más de la necesaria es vanidad» (Séneca).

[5] Como recoge L. Bloy en sus *Lettres*: «El hombre tiene lugares en su pobre corazón que no empiezan a existir hasta que el dolor entra en ellos, de modo que lleguen a ser».

apasionadamente? Además, expresar las emociones nos ayuda a recuperar la paz interior. Por tanto, parece incluso antinatural aspirar a la indiferencia, aunque sea para preservar la serenidad ante bienes como la salud o la vida, que están protegidos por un instinto natural. El estoicismo actual ha suavizado esta visión, y permite un espacio a la compasión, la empatía, etc., ofreciendo un enfoque más humano.

La *ataraxia* es un estado de imperturbabilidad, de quietud, de serenidad espiritual, que conseguirás en gran parte gracias a estar libre de las pasiones, y que te permite ser feliz en cualquier circunstancia. No es quietud en cuanto a pura pasividad, ya que se puede experimentar también en los momentos previos al combate.

¿Y cómo conservar la felicidad antes las adversidades, ante lo que no va como quieres? En primer lugar, tienes que pararte para reconocer si eso que ha ocurrido o va a ocurrir está bajo tu control[6]. Si no lo está, si se ha hundido tu casa por un terremoto, no has de perder la paz: no puedes hacer nada. Ha sucedido conforme al Orden y solo queda aceptar. Si lo está, piensa cómo actuar conforme a la virtud. Solo ante algo que depende de ti te puedes plantear si es bueno o malo. Si consideras que es bueno, actúa siguiendo las cuatro virtudes. La sabiduría o prudencia es básica porque permite distinguir lo que controlas de lo que no, lo que es bueno de lo malo, y decidir cómo actuar.

---

[6] Es lo que los estoicos llaman la *dicotomía del control*.

Con frecuencia son situaciones solo parcialmente controlables. En estos casos, haz lo que puedas, lo que esté bajo tu control, y entiende que saldrá como salga, según cuánto sea esa parte que controlas. Acepta el resultado obtenido como el mejor de los posibles, y conservarás la paz interior. El esfuerzo depende de ti, el resultado, no.

En muchas ocasiones, ese suceso o asunto no se refiere a algo virtuoso, sino a cuestiones que los estoicos llaman *indiferentes*: cosas que en sí mismas no son ni buenas ni malas. Pueden ser importantes como la salud o una ruina, pero son indiferentes en cuanto a lo realmente trascendente: la virtud y, por tanto, tu felicidad. Hay indiferentes *preferidos* como la salud o el dinero, y otros *no preferidos*, como la enfermedad, la muerte, o que te roben. Como es indiferente, puedes alegrarte si tienes salud, pero no debes entristecerte si no la tienes; puedes buscarla, pero no estar apegado o depender de ella. Si viene la salud o el dinero, bien. Y si no viene, también bien. Elige el derecho de aceptar y seguir adelante, y no el de enfadarte y permanecer encadenado a una pasión que te altera. Decía Séneca que *la ira es un ácido que hace más daño al recipiente que lo almacena que al objeto sobre el que se vierte.*

Puedes elegir por tanto un indiferente, o actuar de determinada manera, pero siempre sin perder la paz. La libertad está en tu interior. Los sucesos tienen dos asas, y has de decidir de cuál te quieres agarrar. Si un amigo se ha llevado algo tuyo, no pienses en negativo, no te enfades con él, ni te quedes decepcionado; piensa que es tu amigo y que ahora tiene algo que antes no tenía, y que le puede hacer bien.

Por otra parte, ante una situación adversa recuerda siempre que se trata de un plan superior del que ahora te estás enterando, lo cual no supone que no tengas que hacer nada o resignarte. Puedes actuar, y de hecho puede ser virtuoso que lo hagas, pero siempre con virtud y canalizando todas tus energías para encontrar una salida sin perder la serenidad. Lucha frontalmente, pero desde una *noble y gloriosa impasibilidad.*

Lógicamente, no tiene sentido que te quejes y lamentes. Eso, además de hacerte desgraciado por perder la paz, solo sirve para demostrar que no sabes cómo funciona el Orden, que no tienes sabiduría e ignoras qué son el mal y el bien.

La persona que se mantiene imperturbable no es la que no recibe golpes sino la que no resulta herida. Lo que te altera, te controla. *Recuerda que lo que te daña no es el que te insulta o agrede, sino tu visión de que estas cosas son dañinas...,* dice Epícteto. Es ridículo que pretendas evitar que te pasen desgracias o calamidades. Si algo te hiere será por tu actitud interior, con tu *complicidad.*

Por último, si algo te hace tambalear y pierdes la paz, vuelve todas las veces que lo necesites a tu refugio interior, tu conciencia, para recuperar el equilibrio y la libertad interior, que siempre te abrirán una puerta de salida incluso en las peores crisis.

¿QUÉ ACTITUD HAS DE ADOPTAR ANTE LAS ADVERSIDADES?

Ante una dificultad, lo normal es que no puedas evitar una inicial reacción negativa. Lo primero que está a tu alcance es darte un tiempo, y poner distancia emocional para recuperar la serenidad. Como dice Epícteto: *Intenta primero no dejarte arrastrar por la desesperación. Luego, cuando te hayas dado tiempo y distancia, te será más fácil dominarte a ti mismo.* Para los estoicos, como para los epicúreos, el goce no es el placer, sino evitar todo lo que hace sufrir y perturba el alma. No se trata de maximizar los placeres, sino de minimizar el sufrimiento.

Si consigues esa distancia emocional puedes recuperar tu equilibrio interior con alguna actividad que te relaje, o con un diálogo interno que te tranquilice, y pueda brotar de nuevo la felicidad[7]. En la época clásica, las actividades de relajación eran la música, los paseos por el campo, los baños termales…; actualmente hablaríamos de técnicas de relajación física y mental, deporte, etc.

Este poner distancia emocional es importante para no *convertirte* en aquello que te agobia. Te puede ayudar imaginar la escena en presente, pero ampliando el contexto en el espacio, como hacía Marco Aurelio, con la perspectiva de la altura. Como si fueras un dron. O proyectarla en el tiempo, pensando qué importancia le darás dentro de diez años; o imaginarte que eso le está pasando a un tercero; o visualizarlo dentro de una realidad que cambia continuamente. Poner distancia te permite relativizar lo que te preocupa.

---

[7] Ese tiempo de espera le permite a la corteza cerebral prefrontal —una parte del cerebro cuyo papel es en parte controlar los impulsos— ejercer de freno, y permitirte razonar y decidir con libertad. Es la que una autora llama la *técnica de los 5 segundos* o, coloquialmente, contar hasta 10.

Pero las personas no somos *seres sueltos*, necesitamos de los demás, de ahí que se critique al estoicismo por su visión individualista y de autosuficiencia. Hay personas que se empoderan con el *Yes, I can*, pero no tiene nada de negativo apoyarnos en los demás, pedir ayuda. Al revés, es enriquecedor y muy humano para los implicados. Defienden una visión de hermandad universal por altruismo, no por caridad, y de hecho animan a ayudar a los demás, pero siempre y cuando no te entregues, sin pasarte, manteniendo siempre el control para no perder tu paz. Sorprende aún más su visión descarnada de la amistad, tan exaltada pocos años antes por Platón y Aristóteles. Para un estoico la amistad es importante, pero no tanto los amigos. Según Séneca: *El sabio se basta a sí mismo no porque desee estar sin un amigo, sino porque puede no estarlo... Es preferible sustituir al amigo que llorarlo.* Un estoico debe llevar la muerte de un hijo o un amigo con la misma entereza que la suya. Así, dicen, si tu casa está ardiendo con tu hijo dentro, solo has de intentar salvarle si existe esa posibilidad; si no la hay, es señal de que el destino ha previsto que muera. No te dejes llevar por la pasión de protegerle sino por la virtud de hacer lo correcto. Si al final tu hijo muere, no sufras: hiciste lo correcto. Además, la muerte no es un mal, es el destino de todos. Incluso puede ser bueno que haya pasado, pues te ha permitido demostrar tu virtud.

Veamos qué argumentos pueden servirte desde la perspectiva estoica para recuperar la serenidad de espíritu en tres tipos de situaciones diferentes: un resultado negativo, la carencia de algo o un deseo no satisfecho, y ante la enfermedad o muerte.

a. Cuando las cosas no salen como esperabas…

El punto central para afrontar este tipo de sucesos que denominas malos es que te des cuenta de que no son malos en sí, sino que el mal está en tu visión. Si conocieras el Orden universal, entenderías que ese hecho es beneficioso. Hablamos de mal o dolor físico por oposición al bien físico: que ceda un dolor es bueno porque era molesto mientras lo tenía; hay bien porque ya no hay un mal. En cambio, la clave del mal moral está en la intención.

Una primera herramienta que te puede ayudar es que recuerdes y valores tus victorias del pasado en este u otros ámbitos de la vida. Así, amplías el contexto de la realidad con más carga positiva, y amortiguas el impacto emocional negativo de lo que ha pasado.

Por otra parte, lo que ha ocurrido no tiene vuelta atrás y, por tanto, no está bajo tu control. Solo te queda entender que lo que ha pasado, más o menos importante o fastidioso, tenía que ser así porque estaba previsto. Es una consecuencia de un *optimismo absoluto* que lleva a confiar en el plan del destino, aceptando el curso natural de los acontecimientos y entendiendo que ese es el mejor guion entre los posibles, y que los hombres somos meros actores de esa gran obra de teatro.

Al final, ¿qué va a ser de mí? El destino de una persona es la respuesta a esta pregunta, y nos lleva directamente a la cuestión de la muerte. El hombre es el único animal que sabe que va a morir, y este hecho no es para nada indiferente. ¿Pero qué sentido tiene ese destino, ese origen y ese final, que decide por mí? ¿Quién está detrás? ¿A dónde me lleva? ¿Por qué tengo que aceptarlo y aceptar que es bueno para mí? ¿Qué sentido tiene quitarle la vida a un inocente? ¿Por qué hemos de morir, más allá de que venga en el manual de instrucciones? ¿Al hablarnos de un destino, no están en el fondo negándonos una explicación?

No olvides tampoco que lo que ha ocurrido te permite aprender y conocer mejor el Orden universal, y conocerte a ti mismo, tus capacidades y limitaciones. Una de las causas más frecuentes de infelicidad es, precisamente, el error de juicio de creer que controlamos una situación, y que luego nos invadan la frustración y el desengaño. No dejes que tu felicidad dependa de lograr objetivos concretos: conténtate con hacer las cosas del mejor modo posible, y así nada se interpondrá en tu camino a la felicidad. Esto es lo propio de la persona virtuosa. También evitarás así la desproporción del perfeccionismo, fuente de angustia para tantos.

Si el problema admite una solución, decide cómo ejercitar las virtudes desde la calma, para recuperar el orden que has perdido momentáneamente. Esta actitud te permitirá encontrar una salida para recuperarlo canalizando toda la carga emocional acumulada.

Por último, si se trata de que alguien te ha criticado negativamente, caben dos posibilidades: que sea verdad —y entonces has de aprender y alegrarte porque puedes mejorar y ser más virtuoso— o que no lo sea. En este último caso, no hagas nada: el problema lo tiene quien te criticó.

b. Cuando no tienes algo que deseas, o lo has perdido

Veamos cómo reaccionar de un modo sabio cuando careces de algo que deseas, o lo ves inalcanzable, o temes perderlo. Esto se da ante situaciones o bienes que los estoicos denominan como indiferentes preferidos, como las riquezas, la salud o el honor.

Pero ¿es bueno tener deseos? En principio sí, si se trata de algo virtuoso y que puedes alcanzar. Desde luego, si no es seguro que lo consigas, lo mejor es no desearlo y así nunca lo echarás en falta. Por ejemplo, si tienes una enfermedad, no has de desear a toda costa curarte; es mejor no desear la salud y así no tendrás esa supuesta necesidad insatisfecha. Si un bien material o su deseo te perturban, lo mejor es abstenerse.

No olvides que hay distintas maneras de desear algo. Muchas personas no son felices no por carecer de placeres, sino por culpa de ellos, entre otras cosas porque *el que persigue los placeres, es incapaz de concebir nada más grande*, dice Séneca. No es bueno buscarlos como una adicción. Es lícito querer bienes, pero el bien está en tu interior y no en eso que deseas conseguir. Está en la virtud y, teniéndola, realmente, no necesitas más. Si consigues no desear ningún bien indiferente, tendrás autonomía y serenidad. De aquí el dicho estoico de *soporta y abstente*: soporta lo que no puedas cambiar y abstente de lo que no está a tu alcance y, por tanto, no necesitas para ser feliz. Abstenerte, estar despegado de posibles bienes, te libera. Es la llamada *libertad de indiferencia*: si todo me es indiferente, nada me ata. Recuerda la respuesta de Diógenes, el cínico, cuando se fugó su esclavo Manes y le criticaron de que no hiciera nada por recuperarlo: *Me daría vergüenza que Manes pudiese vivir sin Diógenes, y que Diógenes no pudiese vivir sin Manes.*

Aunque nos presentan un modelo —por cierto, inalcanzable— de perfección, de vida virtuosa, reducen la grandeza y dignidad humanas, al limitar la libertad a lo controlable, y a mostrar indiferencia ante lo no controlable. Ante la acusación de determinismo, de negar la libertad, se defienden diciendo que esas acciones, aunque predeterminadas por el Orden, siguen siendo nuestras, pues somos responsables moralmente si nos sumamos a ellas. Para explicarlo, ponen el ejemplo del perro que avanza atado a un carro, ante lo cual puede sumarse o rebelarse... Por otra parte, la libertad de indiferencia, de no ser influidos por las pasiones, parece teórica. No es verdad que nada nos determine; ninguna decisión es pura espontaneidad. De hecho, la libertad tiende al bien por naturaleza, no es indiferente. Por último, es limitante y frustrante que no podamos ser magnánimos y aspirar a lo óptimo si peligra mi paz interior. La grandeza humana de entregar libremente la vida por amor o por una causa, queda supeditada a no perder la serenidad. Es como reducir el recipiente para que siga lleno. Sitúa el control emocional y la paz interior por encima de la lucha por el bien y la verdad.

El estoico busca lo mismo que cualquiera, pero no como un fin o un bien absoluto, sino como algo relativamente preferible. Puedes buscar un bien, un placer, pero no perseguirlo. No faltes a la virtud ni cedas a las pasiones. De hecho, aunque vivir una virtud cause placer, el premio es la virtud. El placer no guía la conducta, sino que es un compañero de viaje. Algo que surge ante determinados bienes o situaciones.

Cuando sufras una pérdida es normal que sientas dolor. Por eso, lo ideal es tener pocas cosas, lo justo, lo que puedas conservar si hay un naufragio, y así no te expones a sufrir pérdidas. Lo virtuoso es vivir sin cosas que puedas perder. Es mejor no tener que perder algo. Como decía Séneca: *El sabio nada puede perder: todo lo ha basado en sí mismo, no confía nada a la fortuna, tiene sus bienes en un lugar seguro, contento con su virtud, la cual no tiene necesidad de lo fortuito y por tanto no puede aumentar ni menguar.* Por el contrario, la virtud se pone a prueba y se manifiesta más cuando uno tiene bienes, precisamente por estar expuesto a perderlos, y ha de poseerlos con desapego, cosa comprobadamente nada fácil. De ahí que la codicia, la avaricia o la envidia, sean pasiones negativas que deben evitarse.

También puede ayudarte considerar que los bienes realmente van y vienen, entran y salen de nuestras vidas, nos pongamos como nos pongamos. En otras palabras, *nunca digas "lo he perdido", sino "lo he devuelto".* Si te llega un dinero: bien. Y si después lo pierdes: también bien. No lo has perdido, lo has devuelto a ese flujo universal de bienes. Como decía Marco Aurelio: *A la naturaleza que todo lo da y todo lo recobra, dice el hombre educado y respetuoso: dame lo que quieras, recobra lo que quieras.*

En ocasiones, puedes tener dos deseos contradictorios o que no pueden darse a la vez. Por ejemplo, te encantaría disponer de todo tu tiempo, sin ataduras, y a la vez has conocido a alguien con quien te gustaría iniciar una relación que supone un compromiso. Los estoicos te recomiendan que renuncies al deseo que te resulte más problemático o perturbador. Si no puedes cambiar el mundo para conseguir tus deseos, cambia tus deseos para adaptarte a él. En esta línea se entiende lo que plantean si pierdes una amistad: al amigo no se le llora, se le sustituye…

El concepto estoico de persona parece elevado porque persigue la felicidad, pero la realidad es que, para conseguir esa plenitud que le hace feliz, le reduce enormemente sus expectativas. No solo elimina la trascendencia, sino que plantea una vida restringida emocionalmente: le advierte de no soñar, que viva con lo justo, que sea precavido en las relaciones con los demás… En el fondo, no cree en el ser humano, reduce su capacidad y libertad. Del mismo modo, resuelve las grandes preguntas no con respuestas, sino con estrategias para no perder la serenidad. No me gusta emplear la palabra

herramienta en psicología para aspectos nuclea-
res de la persona, pero comprendo que hay estrategias o prácticas que sí lo son. El estoicismo no
nos dice qué es una persona, pero sí nos ofrece
algunas herramientas para situaciones concretas,
como el manejo de las emociones. Plantea cómo
comportarse para tener una buena vida, cómo uti-
lizar el escudo o el casco para defenderse o atacar,
pero ponerse la armadura entera, restringir el Yo
a un conjunto de virtudes y herramientas constri-
ñe y condiciona. Quizá en algunos ámbitos como
el management, si se vive desconectado de la
trascendencia, centrados en la eficiencia y la in-
dividualidad-autosuficiencia, sea útil para resolver
bloqueos o evitar que la parte emocional arruine
a la racional. Pero incluso en estos casos, con el
paso del tiempo, el hombre necesita un porqué en
el que entre la trascendencia, y un para qué en el
que estén los demás.

Para un estoico no tiene sentido desear o añorar que las
cosas hubieran sido de otra manera, pues no podemos
vivir del pasado ni en el pasado. En parte porque ya se ve
que eso formaba parte del Orden, y también porque el
bien está en tu interior, en la virtud, y no en un pasado
que, además, no existió.

Un último consejo de la mano de Marco Aurelio en
lenguaje actual: cuando desees algo material que no puedes alcanzar, o sientas la pérdida de algo, *deconstrúyelo*
en sus elementos básicos. Te duele que te hayan robado

el coche, cuando, después de todo... ¿qué es un coche?: un montón de chapa, trozos de goma, cables, etc., pura materialidad.

c. Ante el dolor, la enfermedad o la muerte

No podemos dejar de sentir dolor por problemas físicos, pero sí podemos evitar el sufrimiento. Lo que te pasa, esa enfermedad o padecimiento, si se puede tratar, si lo puedes controlar, hazlo. Es un indiferente preferible, y siempre puedes pelearlo virtuosamente y con despego. Pero si no lo consigues, acepta la enfermedad. El bien importante, como ya sabes, está en tu interior, en tu actitud.

El sufrimiento es negativo emocionalmente, altera tu serenidad, te perturba. Por eso, de entrada, lo mejor es que no desees la salud o la vida, y así no vivirás con el temor de perderlas. Lo que tenga que ser, será. Si lloras en el entierro de un familiar, eres un necio, te estás confundiendo por no darte cuenta de que eso no estaba bajo tu control: si sufres, es por tu culpa. Al hombre sabio se le conoce especialmente en esas situaciones de enfermedad o de peligro de muerte. Por eso, estas situaciones no son desgracias, sino dichas que hay que afrontar con grandeza de ánimo. Son muy claras las palabras de Epícteto: ... *enfermos y sin embargo felices; en peligro y sin embargo felices; moribundos y sin embargo felices; en el exilio y felices, en desgracia y sin embargo felices*[8].

Las enfermedades y dolores pueden servirte como un entrenamiento para aceptar con serenidad la realidad, y

---

[8] Estas palabras recuerdan las de san Pablo en *Corintios* II, 4: 8-9.

44

vivir despegado de todas las cosas y bienes. Incluso has de sentirte orgulloso de que el destino haya establecido que seas sometido a esas pruebas o dificultades, del mismo modo que un emperador o un mando militar envían a las misiones más complicadas e importantes a sus mejores hombres.

Una técnica que recomendaban los estoicos es la de *ponerse en lo peor*[9]: pensar qué es lo peor que puede ocurrir. Si no lo puedes controlar al menos estarás sobre aviso, ya que la adversidad inesperada golpea más fuerte. Si está en tu mano actuar, te permitirá poner los medios antes, con serenidad, sin rumiar lo que está por venir.

Séneca, en su tratado sobre *La brevedad de la vida* señala algunos modos indirectos de *no-vivir* la vida, de malgastarla, que has de evitar. Uno es retrasar las tareas o, por supuesto, evitarlas. Al retrasar piensas quizá que vas a vivir mucho más, pero no lo sabes, es una ilusión. La vida es como unos Juegos Olímpicos, este es el momento único e irrepetible de competir, de vivir. Todo depende de lo que hagas *ahora*.

Otro modo más disimulado de no vivir la vida es refugiarte en la fantasía. Tampoco es vida cuando lo que te guía es lo que piensan los demás: sería ridículo que te afanaras en proteger tu dinero y posesiones y, en cambio, *regalaras* tu vida en hacer lo que opinan los demás.

Un último modo es equivocarte en los objetivos que realmente merecen la pena, en lo virtuoso. Si no aciertas, puedes estar viviendo en un permanente estado de

_____

[9] Ellos la denominaban: *premeditatio malorum*.

distracción. Por eso, si no vives bien, da lo mismo vivir mil años, pues estás despilfarrando el tiempo. No interesa que prolongues una vida sin sentido, sin una felicidad real.

El estoicismo no es propiamente un sistema filosófico, sino un conjunto de principios o máximas y estrategias, una ética, para ser feliz. Esto facilita que se den algunos mensajes contradictorios. Séneca, por ejemplo, compatibiliza su optimismo total en el plan del destino con decir, ante la dureza del combate con las pasiones, que *lo mejor es no haber nacido, o, si ha tenido uno la desgracia de nacer, lo segundo mejor es morir pronto*. O exalta permanecer imperturbable, a la vez que, si no lo consigues, siempre tienes el recurso de quitarte la vida, eso sí, serenamente. Valora la solidaridad como ciudadano universal, pero, si no me hacen caso, si no siguen mis consejos, yo *a lo mío* para no perder mi paz.

Lo importante no es que tengas una enfermedad, o cuánto te quede de vida. Lo importante es vivir bien, virtuosamente. Por el contrario, si no vives bien, ¿para qué quieres vivir más, o de qué te sirve? ¿Qué te aporta alargar mil años una vida que no vale nada? Hay que tener una actitud serena ante la muerte, sin desear vivir más de lo previsto por el destino. *Mal habrá vivido quien no sepa morir*, dice Séneca.

¿QUÉ SENTIDO TIENE EL SUFRIMIENTO EN EL ESTOICISMO?

Para un estoico el sufrimiento no tiene sentido en sí mismo, en cuanto a para qué sirve. Como se trata de ser feliz, de tener una vida lograda mediante la virtud y conservando la serenidad interior, más bien hay que evitarlo en lo posible. Por eso sus mensajes son del estilo de *no sufras anticipando con la imaginación, ten expectativas más realistas, renuncia a tus deseos si parecen inalcanzables, no te impliques en nada ni con nadie que te pueda robar la paz...* Todo esto siempre y cuando esté bajo tu control. Si no, habrá que aceptarlo pues forma parte del destino, y, eso sí, valora que *lo que no te mata te hace más fuerte, que siempre se aprende, que puedes así demostrar tu virtud, etc.* En ambos casos, el objetivo primero es superar, resolver, manejar la emoción negativa que, como nube de humo, no te deja ver el Orden. Así conservarás la paz y, con ella, la felicidad.

¿Y cómo puedes defenderte de la tristeza, la ira, los agobios, la envidia o el orgullo malo? Estas emociones negativas suelen aparecer como reacción a algo, y se dan en tres fases. Primero hay una reacción automática, que es casi imposible de evitar y que, por tanto, lo único que está en tu mano es detectar lo antes posible que estás mal, y qué emoción es. A continuación, tienes que darte un tiempo para poner la *distancia* suficiente. Entonces puedes aplicar algún remedio: algo que te relaje, o algún pensamiento que desactive esa emoción. La tercera fase debería ser la eliminación de esa emoción, pero, si aun quedara algo, solo te queda aceptarla y que, con el tiempo, se vaya desvaneciendo. Es inevitable que tengas una primera reacción emocional negativa, pero lo que no puedes hacer es alimentarla. *Deja que tus lágrimas fluyan, pero deja también que cesen*, decía Séneca.

Como ves, aunque pueda haber beneficios *secundarios* —siempre se aprende algo, adquieres experiencia para el futuro...—, el sufrimiento habría que evitarlo.

> Algunos autores ven en el núcleo del estoicismo un miedo al sufrimiento y a las contradicciones, motivado por no encontrarles un sentido. Esta cuestión nos lleva directamente a la pregunta sobre la muerte y nuestro destino. De ahí la necesidad que tienen de aceptar solo las tareas controlables, y recurrir para todo lo demás a un destino ciego. Pero ¿se puede vivir sin sufrimientos? ¿Merece la pena tanta renuncia para conseguir este objetivo? Decía C. S. Lewis que Dios nos habla por medio de la conciencia, y nos grita por medio de nuestros dolores, como si fuera un megáfono que no podemos ignorar. Y lo hace así para que reaccionemos, y no olvidemos que nuestro destino trasciende esta vida[10]. Sorprende que el propio Séneca, al final de su vida, nos hablara de esperanza en el más allá: *A través del tiempo que se extiende de la infancia a la vejez, vamos madurando para un nuevo parto. Nos aguarda otro origen... Ese día que temes como el último es el del nacimiento para la eternidad (Epístolas a Lucilio, 102).*

---

[10] De igual modo, la visión estoica de la muerte, como *simple desaparición* vivida como sin darse cuenta, sin asumir libre y responsablemente

Lo cierto es que el estoicismo sigue de moda en algunos ambientes porque muchas de sus máximas tienen verdad. Y si no triunfa en otros es porque no propone una felicidad sensible, superficial. Aunque no persiga evitar del todo la negatividad de la vida porque sería ilusorio, si lo aplicamos solo a lo controlable y no a lo trascendente, puede ayudar a conservar el espíritu sereno. Un ideal inalcanzable, pero deseable. De hecho, una cosa es aplicar un principio estoico, y otra vivir estoicamente...

A finales del siglo xx surgió una corriente psicológica con un enfoque novedoso, más acorde quizá con la felicidad propia de nuestra época: la psicología positiva. Esta nos dice también que la felicidad depende de nosotros, pero añade que la conseguiremos mediante el crecimiento personal y las emociones positivas. No se trata de quitar lo que estorba para preservarla, sino de crecer, de ser resiliente, de florecer... Veremos en el próximo capítulo si nos permite complementar o responder a los interrogantes y puntos críticos que han quedado pendientes. Pero antes, veamos cómo aplicar el estoicismo a algunas situaciones difíciles de la vida con las que nos podemos encontrar.

¿QUÉ SOLUCIONES NOS OFRECE EL ESTOICISMO A ALGUNAS SITUACIONES ADVERSAS DE LA VIDA?

Caso 1. *Acabo de suspender unas oposiciones* tras varios años de preparación, con muchos sacrificios y renuncias.

---

lo que está pasando realmente, recuerda la *muerte pequeña* que criticaba Rilke. Una muerte muy poco humana, trivializada, que niega al hombre su dignidad y destino.

Estoy cansado, dolido, y me encuentro ante una encrucijada: abandonar o volver a presentarme, con todo lo que eso supone.

Un estoico te dirá que lo que dependía de ti era poner los medios, estudiar, y no el resultado. Si has hecho lo posible, el suspenso era lo previsto por el destino y, por tanto, lo mejor. La realidad del suspenso no la puedes cambiar, pero el resultado en ti, cómo te afecta, sí. Éxito o fracaso depende de tu actitud, de tu juicio. Acepta el curso de los acontecimientos y conservarás la paz, que es lo importante para ser feliz. Después de todo, las personas solo somos meros actores de una gran obra de teatro.

No has suspendido por azar, así que seguro que esto encierra cosas buenas. Por ejemplo, has aprendido en qué mejorar tu preparación. Si alguien te dice —o piensas tú— que esa oposición te supera, que has puesto el listón demasiado alto, valora reajustar tus expectativas. La verdad no es negativa, y es lo que te permite ser virtuoso. Por tanto, has de alegrarte. Lo virtuoso es reconocerlo, ser prudente y rectificar. Si esa persona no te conoce, no te enfades con él por su error de apreciación. No te está quitando nada, y no te deberías sentir ofendido. *Se burlan de mi calvicie, mi pobre vista, mis delgadas piernas, mi peso… ¿cómo va a ser un insulto que te digan lo que es evidente?*, decía Séneca.

Aunque está bien que desees un trabajo estable, no lo necesitas para ser feliz. La felicidad está en ti, y lo importante es no perderla. Quizá gracias al suspenso aprendas para siempre a estar desapegado de metas concretas. El bien no es el aprobado, sino que seas mejor persona, que *esto* te haga mejor persona. Recuerda que lo que te altera, te controla. Si apruebas es genial, pero si no, no es un horror. Encaja el golpe emocionalmente, date un tiempo, pon distancia emocional, y recomienza del modo que libremente decidas.

Es normal que estés ahora triste, pero no dejes que te puedan la ira, la decepción o la impotencia. Desde luego, no las alimentes. Sería una pena que esas pasiones negativas te impidan reconocer lo que sí puedes hacer: prepararte mejor y aprobar. No te quedes en la queja o el lamento. Eso solo te hace desgraciado y demostrarías además que ignoras que hay un orden universal. Acéptalo y sé agradecido.

No te resignes y no tires la toalla, porque *esto es lo que hay*. Si crees que puedes aprobar, que está bajo tu control y sería bueno, inténtalo con fortaleza y templadamente, con serenidad, sin perder los papeles. Si reconoces que te has confundido en la preparación o en el examen, ya no tiene vuelta atrás. No ganas nada revolcándote en ese fango. Ha ocurrido lo que tenía que ocurrir.

La oposición es una carrera de larga distancia. Hay que recomenzar muchas veces, también con cada suspenso. Aunque ahora se te haga un mundo, lo que más cuesta es ponerse en marcha. Como decía Marco Aurelio: *Comenzar es la mitad del trabajo. Comienza después con la mitad restante y habrás terminado*. Cuando se asome el desánimo, vuelve una y otra vez a tu refugio interior, recupera tu paz y recomienza desde la libertad. Recuerda tus aprobados y éxitos anteriores, y que si sigues preparándote estarás cada vez en mejores condiciones de conseguirlo.

Caso 2. *Acabo de perder el empleo,* *y estoy triste y preocupado. Mi desempeño era bueno y estaba contento con ese trabajo, pero por circunstancias que desconozco, me han despedido de manera imprevista.*

Una vez te han despedido, no ganas nada con rebelarte frente a la realidad. Al revés, será peor si te roba la serenidad. *Si no te sientes dañado, no lo has sido,* decía Marco Aurelio. Depende de ti permanecer en la virtud y en la felicidad, aceptándolo con moderación, sin perder los estribos. Es normal que estés afectado, pero haz algo para recuperar la paz: medita, haz deporte o relajación, fomenta un diálogo interior de aceptación y agradecimiento...

Te acabas de enterar de algo que desconocías pero que estaba escrito en tu destino. Aunque te parezca contradictorio, eso no te tiene que robar la felicidad si no quieres. Al contrario: si te adhieres a ese plan, serás más virtuoso. *El destino guía a quien lo acepta y arrastra al que lo rechaza,* dijo Séneca. Quizás estabas convencido erróneamente de que ese trabajo era indefinido, tenías una seguridad subjetiva de que no lo perderías, pero eso es un error: nadie controla qué va a pasar. Si notas miedo al futuro, a la incertidumbre, transfórmalo en la curiosidad de ir conociendo tu destino. Acabas de dar un nuevo paso que te acerca a él. Si lo reconsideras como algo que era temporal y no dependía de ti, tu sufrimiento será menor.

Pon distancia emocional. Ese trabajo de electricista, ¿qué es realmente? Dedicar tiempo a empalmar cables de cobre, instalar aparatos de metal y plástico, etc., pura materialidad y tarea pasajera. Es importante tener un trabajo y, por eso, si lo conservas, bien; pero si lo pierdes, también bien. Tu felicidad no puede depender de un trabajo concreto, ni siquiera de tenerlo o no. Los bienes tienen un valor neutro, y lo positivo o negativo de tenerlos o perderlos depende de tu juicio. Tan bueno puede ser conservarlo como perderlo. Así que custodia tu felicidad, tu tesoro, en un lugar seguro: tu interior. En verdad, te hubiera venido mejor no desear conservarlo. Pero ahora estás a tiempo de volver a planteártelo: si no lo deseas, si no lo añoras, no sentirás tanto su falta. Si lo estás pasando mal, aprovecha para conocerte mejor y darte cuenta de que eras demasiado dependiente del trabajo. Gracias a esta pérdida puedes crecer en virtud despegándote de él, y te puede resultar un gran entrenamiento para posibles pérdidas futuras. Lo que no te mata, te hace más fuerte.

Ten en cuenta que los trabajos van y vienen, salen y entran en nuestras vidas, fluyen. Hoy lo tiene una persona y mañana otra. No *es* tuyo o de aquel. No has perdido realmente nada. En palabras de Marco Aurelio: *A la naturaleza que todo lo da y todo lo recobra, dice el hombre educado y respetuoso: dame lo que quieras, recobra lo que quieras.* Puede que ese trabajo le venga mejor a otra persona, y por eso forma parte de un plan superior.

Es normal que te sientas triste o enfadado. Reconócelo, pero date un tiempo para que el dolor se aminore y veas con más claridad. ¿Quién sabe? Piensa qué está realmente ahora en tu mano; por ejemplo, puedes reclamar y/o pedir una indemnización si es una injusticia. También puedes empezar a prepararte para un nuevo trabajo como parte del plan universal para ti. Pero no te quedes en el lamento o la queja inútil, que además te hace cómplice de tu dolor. La paz interior a la que aspiras no es aceptar y resignarte sin más. Puedes pelear si lo ves razonable, aceptando lo que salga y poniendo todos los medios con constancia. *Soporta y abstente*: soporta esta situación dolorosa con templanza, sin perder la paz, y abstente del deseo de tener un trabajo supuestamente seguro y estable.

Caso 3. Pasan los años y mi mejor amiga no consigue tener una pareja estable. *Ella siempre soñó con casarse y formar una familia. Al principio hacíamos bromas sobre sus altas exigencias, y disfrutar la soltería, pero conforme pasa el tiempo y, sobre todo, desde que yo me casé, le cuesta más hablarlo. Aunque sé que no depende de mí, me gustaría darle algún consejo que le consuele y ayude.*

El problema no lo tienes tú, sino tu amiga. Si te sientes arrastrada por su negatividad, pon distancia; y si eso supone, al final, que tienes que alejarte de ella también físicamente, hazlo. Lo importante es la amistad, no esta o aquella amiga, si hace peligrar tu paz. Ayúdala, pero sin implicarte. Préstale tu tiempo y esfuerzo, pero no te entregues: no conseguirás nada y encima te llenarás de tristeza, impotencia y frustración. No dejes que nada ni nadie te quite la paz si tú no quieres. Si te sientes mal por no poder ayudarla quizá sean sentimientos de culpa por hacerte tú misma responsable de eso, o por creer que puedes salvar al mundo. O porque tienes un apego que no es sano y por eso te quita la felicidad verla así. La felicidad está dentro de ti, y tienes que sentirte libre; no necesitas nada cuya ausencia te la quite y que no controles.

Piensa si la solución está a tu alcance. Probablemente solo puedas ayudarla parcialmente, así que baja tus expectativas y acepta que saldrá del mejor modo posible. Dile que se plantee hasta qué punto está en su mano. Quizá pueda hacer más por conocer gente nueva, pero más allá de eso, el chico aparecerá o no. ¡Ah! y que lo busque virtuosamente, desde la serenidad, con prudencia y moderación. Que acepte que de momento no haya aparecido, que encaje la realidad, sin rebelarse, ni enfadarse ni perder la paz. Conseguir novio no depende exclusivamente de ella, pero mantener la serenidad, sí. Aunque lo desee con toda su alma, tiene que haber un otro que también lo quiera, y eso no está en su mano. Sería un error pensar que con solo mostrarse al mundo el príncipe azul aparecerá, sí o sí.

Dile que es lógico su deseo de tener novio y formar una familia, pero que lo importante es tener una vida virtuosa. Tener novio no le garantiza la felicidad. Si está en el destino que lo tenga, lo tendrá, y si no, no, aunque se empeñe. Si aún no lo tiene, no es por casualidad o mala suerte. Por otra parte, sería incluso mejor no desearlo, abstenerse, para no sufrir si no se cumple, como decía Epícteto: *La libertad no se logra satisfaciendo deseos, sino eliminándolos.* Si tiene que llegar, llegará. También Séneca decía que *no está en nuestro poder tener lo que deseamos, pero sí está en nuestro poder no desear lo que no tenemos, y aprovechar todo lo que nos ha llegado.* Después de todo, ¿qué es y qué hay detrás de un novio? Un individuo con manías, caprichos, enfermedades, problemas, envejecimiento, familia política a la que soportar, etc. No está tan claro que sea algo netamente apetecible o deseable. De hecho, la mujer sabia estoica también buscará novio, pero de una manera distinta.

Para ella no es un fin o un bien absoluto, sino solo relativamente preferible. Dile que no pierda la paz en la búsqueda. El que persigue con ansia un bien, un placer, es incapaz de concebir nada más grande. Si se convence de que es igualmente bueno si no aparece, habrá logrado *autarquía*, esa autonomía que te permite ser feliz en cualquier circunstancia.

Que tenga cuidado con la envidia cuando vea alguna pareja feliz, pues perdería la paz por algo que no es verdad: no está claro que para ella lo bueno sea tener pareja. Tampoco le aporta nada fantasear en cómo habría sido su vida si hubiera tenido novio, o cómo será si nunca llega. Si este es el plan para ella, será lo mejor. Que lo lleve mal es por su interpretación, y no porque no tener novio sea en sí mismo malo.

Dile que no se lamente dándole vueltas, pensando en lo triste y sola que puede llegar a estar: eso solo la convierte en cómplice de su sufrimiento. El universo no tiene nada en su contra, pero tampoco le debe ningún favor. En un futuro, si pierde la paz, que vuelva las veces que necesite a su refugio interior. Que se una al plan superior convencida de que ahora no hay alternativa, y que si conserva la paz mantendrá la felicidad. Le puede ayudar en momentos de angustia hacer relajación, meditación, deporte, distraerse, etc.

Que piense, por último, que mientras no tenga novio puede hacer unos planes o disponer de tiempo y libertad para hacer otras cosas que no haría si lo tuviera. Si no puede cambiar la realidad para alcanzar sus deseos, siempre podrá cambiar sus deseos para adaptarse a ella.

Caso 4. Estoy a punto de separarme. *Quiero seguir apostando por la relación, pero él dice que ya está cansado de intentarlo, y no le ve salida. No es fácil pelear en esas condiciones pues me desanima y debilita mucho ver que no pone de su parte.*

Piensa antes que nada si hay algo más que puedas hacer para reconducir la situación. Si no es así acepta que, probablemente, ese proyecto no era el acertado: no ha ido mal por casualidad. Si, por el contrario, existe un margen de recuperación y te ves con fuerza de seguir peleando, hazlo aplicando las virtudes y sin perder la paz. En ese caso, solo depende de ti el esfuerzo, no el resultado. *No hagas tus problemas mayores al añadirles tus quejas. El dolor es más tolerable si no le añades nada*, decía Séneca.

Quizá ha sido bueno hasta ahora: te ha aportado cosas buenas, has crecido como persona, y has aprendido mucho de ti y de la vida. Sé agradecida y acepta la situación, a la vez que quizás haya llegado el momento de cambiar. Esa decisión la deberías tomar desde la serenidad.

Es posible que tengas emociones enfrentadas. Por una parte, te gustaría continuar con él en lo que tiene de bueno, por lo que habéis construido juntos, pero por otra, ya no puedes seguir adelante, se te ha vaciado el depósito, *no te queda amor.* Puedes entregarte más para hacer un último esfuerzo, pero a la vez ansías la libertad de construir un nuevo proyecto... Decídete por aquel deseo que menos te perturbe, y abandona el otro. Si la realidad choca con tus deseos, cámbialos para que se adecúen a la realidad. Elige el derecho de aceptar y seguir, y no el de rebelarte y permanecer encadenada a una situación que no te hace feliz.

Es importante compartir tu vida con alguien, pero no es lo más importante. Es bueno tener una pareja si vives con paz, pero no a cualquier precio. Tu felicidad, que es la importante, no depende de que tengas pareja o no, ni de lo que te pueda aportar. Tú ya tienes en tu interior lo fundamental para ser feliz. ¿Alguien me desprecia? Ese es su problema. *Mi misión es asegurar que no hago nada que merezca desprecio*, dice Marco Aurelio. Lo esencial es que vivas virtuosamente, manteniendo tu autonomía y serenidad, y no esclava de las pasiones. Así que alégrate si se resuelve, pero no te entristezcas en caso contrario. A las personas no las perdemos, entran y salen de nuestras vidas según un plan supremo que se nos va desvelando.

No te martirices rumiando qué hiciste mal para llegar a esta situación. Solo conseguirás llenarte de emociones negativas. El pasado ya no tiene vuelta atrás. Como decía Seneca: *No tropieces con algo que está detrás de ti*. Quizá te apenas porque pensabas que ibas a conseguir la felicidad para ti y para él, que dependía de ti. Ahora ves con claridad tu error de juicio. Conténtate con lo que está en tu mano, haz las cosas del mejor posible, sin depender de un objetivo concreto y te evitarás muchos sufrimientos.

Es normal que lo pases mal, pero no tiene por qué hundirte. Invulnerable no es quien no recibe golpes, sino quien no resulta herido, y eso depende solo de ti. Una primera reacción de pena es lógica, pero está en tu mano no dejarte arrastrar por ella. Haz planes y no te encierres en ti misma ni te dejes atrapar por la melancolía. Hasta ahora no sabías que ese era el destino y por eso lo has peleado. La novedad de ahora no es que vaya mal, sino que por fin eres consciente.

Te ayudará poner distancia, al principio quizá de un modo más radical para poder hacer el duelo, y posteriormente según decidas. Verás como con el tiempo la pena se enfría hasta desvanecerse. Si termináis rompiendo no te quedes lamentándote. Al que se va no se le llora, se le sustituye. Y no retrases o evites la decisión por evitar el dolor, o por lo que otros puedan pensar. Solo conseguirías malgastar parte de tu vida y sembrarla de infelicidad. ¡Ah! y aprende para posibles relaciones futuras a no poner tu felicidad en una persona, sino en una actitud, en un modo sabio de vivir.

Caso 5. Me acaban de diagnosticar una enfermedad crónica y limitante en plena madurez. *Me dicen que si pongo de mi parte la evolución será mejor, pero, en principio, la enfermedad me limitará cada vez más. No termino de creerme que en un instante la vida me pueda cambiar tanto. Por momentos fantaseo que sea un error, un mal sueño. Se suponía que ahora me tocaría empezar a disfrutar de tantos esfuerzos…*

Esta enfermedad no es por azar. Es tu destino y, por tanto, no tiene por qué privarte de la auténtica felicidad. Controla tu imaginación sobre cómo será tu final recordando con Séneca que *se daña más de lo necesario quien se daña antes de lo necesario.* Aunque solamente sea por irremediable, no tiene sentido querer otra cosa. Sería un deseo inútil. Cómo te afecte dependerá de tu actitud. Es duro que sea crónica y limitante, pero la clave está en ti. Las herramientas que aprendas te servirán también en el futuro. Se trata no solo de aceptarla sino de vivirla sabiamente, ejercitando las virtudes.

Tener una enfermedad no es un mal. Los males físicos se denominan así en ausencia de los que llamamos bienes, pero una enfermedad no es bien o mal. Si controlas tus juicios conservarás tu felicidad. Así pues, acéptala, y agradece esta oportunidad de crecer en virtud y de sumarte al plan superior que ahora se te muestra claramente reconocible. Es normal que quieras estar sana, así que, si tienes salud, bien, pero si no la tienes, también. En todo caso, llevarás mejor la enfermedad si no deseas la salud. Tu felicidad no debería depender de que la superes o de que tengas una salud envidiable. Al hombre sabio se le reconoce en esas situaciones difíciles. Vivir aceptándola y adaptándote a sus consecuencias es un gran entrenamiento para las dificultades de la vida, y una oportunidad de ejercer y demostrar tu virtud.

Puedes pelear para mejorar o recuperar la salud: cuida la dieta, toma el tratamiento, ve al médico, etc., pero siempre desde la serenidad. Tu control es muy limitado, solo respondes de tu esfuerzo, así que abandónate al resultado. Elige el derecho de llevarla con señorío y seguir adelante, y no el de rebelarte y rumiar en negativo. Lo que te hace daño no es la enfermedad en sí, sino tus valoraciones: si es o no justo, por qué a mí, etc. Quizá no puedas dejar de sentir dolor, pero sí puedes evitar el sufrimiento. Como decía Epícteto: ... *enfermos y sin embargo felices... moribundos y sin embargo felices...* Te puede ayudar planificar tus respuestas de futuro: el día que pase esto haré tal cosa, cuando ya no pueda hacer eso recurriré a aquello otro... y así afrontarás el futuro con más serenidad. También puedes llevar un diario de lo que te pasa y tus reacciones emocionales. Te facilitará el autoconocimiento y cómo manejar tus emociones, sin perder la paz o recuperándola si la pierdes. Recuerda que lo que te altera te controla, y en este caso puede suponerte un desgaste crónico y progresivo.

Al ser crónica y no estar bajo tu control, sería un error que tuvieras altas expectativas —algunas sí para pelear y estar lo mejor posible—, o ansiar la curación. No fantasees sobre cómo sería tu vida sin esa enfermedad, o qué habrías hecho en el pasado de haberlo sabido. Podemos alegrarnos de tener salud, pero no hemos de entristecernos por no tenerla, ni estar apegados a ella. La salud va y viene en nuestra vida de continuo.

Al ser incurable puede ser más difícil, pero a la vez más necesario, no *hacerte* enfermedad, no identificarte con ella. Vive tu vida independientemente siempre que puedas, que te limite lo menos posible. Pon distancia emocional, no te tengas pena, no eres víctima ni te lamas las heridas. El mayor placer es la liberación de lo que hace sufrir y perturba el alma. Si peleas virtuosamente, lejos de quitarte nada, la enfermedad te dará fuerzas.

Tendrás momentos de crisis en los que reaparecerán las emociones negativas, queriendo hacerte perder tu serenidad. Vuelve siempre que lo necesites a reconocer lo que es verdaderamente importante, tu paz, y eso te permitirá conservar la felicidad. Lo importante no es vivir con o sin salud, vivir más o menos tiempo... Si no alcanzas la felicidad, ¿para qué quieres prolongar tu vida? Por eso, también, si la enfermedad te está quitando la paz y puede seguir haciéndolo, siempre puedes quitarte la vida con una actitud serena.

Caso 6. Mi situación es terminal y ya no cabe hacer nada desde el punto de vista médico. *Los médicos no saben el tiempo de vida que me queda. Es un camino sin retorno. Se trata de estar lo mejor posible todo el tiempo que pueda, pero sin emplear unos medios que me aportarían muy poco tiempo a costa de una peor calidad de vida.*

El ideal estoico nos habla de cómo vivir del mejor modo posible, en plenitud, que es, a su vez, el mejor modo de llegar a la muerte. Y al revés, una persona que no muere bien no ha vivido bien... Morir bien es la *prueba del algodón* de una vida plena. Aunque hay enfermedades o modos de morir que pueden dificultarlo más, has de intentar llegar al final con serenidad. Ser dueño de tu muerte, y no esclavo de tus emociones. No temas a la muerte en sí misma, sufrirás más con la imaginación que con la realidad. Como decía Séneca: *Ninguno de los que hablan mal de la muerte la han probado.* No tiene sentido que te lamentes del tiempo que vas a dejar de vivir, lo mismo que no lo hacemos del tiempo que no vivimos antes de nacer... En cambio, malgastarías el tiempo de vida que tienes si fantaseas con curarte, si evitas pensar o hablar de tu muerte, o si tomas decisiones como si no fuera a ocurrir.

Pon medios para mejorar tu calidad de vida o prolongarla, pero sabiendo que, si no lo consigues, es igual de bueno, y no te quejes si no lo consigues. La felicidad no se apoya en objetivos concretos sino en el modo de vivir. En estas condiciones tus expectativas deben ser bajas, y si se trata de desear, lo mejor es que no desees nada en concreto, y aceptes lo que venga. La muerte no es una pérdida si conservas lo bueno: tu felicidad debe estar en tu interior para que nadie ni nada te lo arrebate.

Asume que ese es el destino: el curso natural de las cosas. Por tanto, no solo es estéril que te rebeles, sino que lo que más te ayudará a afrontarla virtuosamente es aceptarla serenamente. Tu vida ha llegado o está llegando ya a su fin, y no es por azar. Desear vivir más es preferible, pero en la medida que no desees prolongar la vida llevarás mejor esta situación, no tendrás miedo a perderla. Para un estoico, que no cree en el más allá, la vida es importante porque sostiene a todos los demás bienes indiferentes. Además, decía Séneca: *No es que tengamos poco tiempo, sino que desperdiciamos mucho.* Se cuenta que la noche previa a ajusticiarle, Sócrates practicaba con la flauta una nueva melodía. Ante la pregunta del carcelero sobre el sentido de esa actitud, respondió que, precisamente porque iba a morir, esta era su última oportunidad para aprenderla.

Que la muerte nos cierre irremediablemente el paso no aumenta nuestra vulnerabilidad. Es la realidad, la vida es así. Lo que te hace vulnerable, lo que de verdad hace daño es si te acercas con miedo, tristeza o en rebeldía. En ese caso eres tú mismo quien te causas el daño.

Enorgullécete de que el destino haya previsto que tengas que afrontar esta situación sin esperanza, y mostrar y demostrar tu virtud, tu despego de los bienes y tu serenidad. Después de todo, la vida la recibiste y ahora la estás entregando. Relativiza el hecho de vivir o morir pues somos actores del gran teatro del mundo, que salimos y entramos en escena: lo importante es el guion. Llevas toda la vida intentando vivir virtuosamente y conservar tu paz en muy diversas circunstancias. Ha llegado el momento de culminarla afrontando la muerte con esa misma actitud. Si no vives este tramo de tu vida bien, ¿qué sentido tiene prolongarla? ¿Qué más da cuánto vivir más si esa vida no vale nada? Además, como la vida real es en presente, sería una pena que tiraras por tierra toda tu vida virtuosa anterior. Y, al contrario, puedes reconducirte muriendo virtuosamente. Como decía Séneca: *Mal habrá vivido quien no sepa morir.* Aunque tengas un anhelo de eternidad, de infinitud, es importante que desistas de ese deseo, acepta que la vida dura lo que dura, y que se trata de vivirla virtuosamente el tiempo del que dispongamos.

Y si ves que se está prolongando innecesariamente, también puedes de modo sereno ponerle fin.

II.
LA PSICOLOGÍA POSITIVA: DISFRUTAR, CRECER Y FLORECER

LA PSICOLOGÍA POSITIVA nace a finales del siglo XX de la mano fundamentalmente de M. Seligman. Frente a la visión tradicional de una psicología que sane lo patológico, esta aporta conceptos, principios y herramientas para tener una vida plenamente feliz a través del desarrollo personal y del bienestar. Su idea de felicidad se acerca a la que propuso la OMS en 1948 para la salud: el completo estado de bienestar físico, psíquico y social, y no solo la mera ausencia de enfermedad o minusvalía.

Se llama positiva no porque haya una psicología neutra o negativa, sino porque nos propone alcanzar la felicidad mediante un afrontamiento más positivo de las dificultades, carencias y pérdidas de la vida.

Aunque los autores insisten que su base científica está respaldada por investigaciones, no se puede decir propiamente que sea una rama de la psicología, pues aporta pocos contenidos nuevos. De hecho, muchos de sus conceptos se solapan o están muy relacionados entre sí, como optimismo, gratitud, satisfacción, felicidad o bienestar. El concepto de felicidad en cuanto persona realizada, es realmente de Aristóteles, aunque este concluía que, coherentemente, solo se puede ser feliz al final de la vida, gracias a la madurez y perfección alcanzada.

Más allá del mero pensamiento positivo, esta psicología en lo intelectual nos ayuda a identificar y conocer nuestros recursos y fortalezas, como voluntad nos impulsa a tener una mentalidad de crecimiento, y en lo afectivo nos estimula a acumular emociones positivas, las cuales serán, a su vez, un refuerzo para cualquier tarea de mejora.

¿CÓMO PUEDES SER MÁS FELIZ?

La felicidad para la psicología positiva tiene más que ver con el bienestar de una vida lograda y plena, que con la pura sensación de felicidad, tan cambiante y pasajera a la vez. No depende solo de la salud, de estar en forma, de las riquezas, de la belleza, o de que nos pasen cosas buenas. Sí ayuda, en cambio, tener las necesidades básicas satisfechas, y que los objetivos que uno se marque sean razonables y accesibles. Recuerda a la llamada Pirámide de Maslow, según la cual has de satisfacer primero tus necesidades más básicas, y posteriormente las fisiológicas, seguridad, sociabilidad, estima y, por último, autorrealización, para alcanzar una vida lograda y feliz.

Algunos critican que realmente la pirámide de la psicología positiva es invertida: el vértice, la felicidad, estaría en la base, pues se supone que todos tenemos tan al alcance poder ser feliz, que es un obligado punto de partida. Quizá por esto, a la gente le cuesta reconocer que no es feliz, porque sería como aceptar que, teniéndolo a mano, han fracasado. Esta necesidad de ser feliz provoca, además, una especie de fiebre del oro para dar con las herramientas o técnicas que nos la garanticen[1]. El optimismo, la positividad y la autoconfianza deben estar siempre presentes. Pero ¿ser optimista y positivo me la garantiza? Para algunos, esta actitud podría incluso llegar a ser perjudicial, un regalo envenenado de buenismo. Además, hay actitudes derivadas de ser realista, de conocer mis limitaciones e incluso de un cierto pesimismo, que pueden ser más útiles y prepararnos mejor para la vida que el optimismo y la positividad.

---

[1] Esta necesidad de felicidad está relacionada con la *happychondrya* o preocupación enfermiza, obsesiva, por la felicidad, que paradójicamente podría contribuir a la *sociedad del cansancio* detectada por Byung-Chul Han.

Según esta psicología hay tres modos de vivir la vida que te conducirán a la felicidad. Ninguno es mejor que el otro, y los puedes trabajar de manera independiente:

En primer lugar, la *vida placentera*, que consigues acumulando el mayor número de emociones positivas como alegría, satisfacción, etc., mediante actividades placenteras. Para eso, has de tener las habilidades necesarias, y hacer todas las actividades que puedas. Es la básica de las tres, y siempre ha de estar presente de algún modo. Una forma sencilla de practicarla es programar un día perfecto, y vivirlo con la intención de sacarle el máximo disfrute. Ciertamente, son recursos temporales que se agotan en sí mismos, que dependen mucho de factores externos, y resulta fácil acostumbrarse, por lo que, si los repites, tendrás que aumentar cada vez más el *premio*. Como puedes ver, no puedes apoyar tu felicidad solo en ellos, pero suman.

Otro estilo de vida orientado a la felicidad es la *vida de compromiso*. Aquí, compromiso significa estar involucrado, implicado, conectado, ya sea con la familia, un ideal, el trabajo… Cuando estás conectado en una tarea tienes la sensación de que el tiempo no pasa. Son tareas muy satisfactorias porque están relacionadas con alguna de tus aspiraciones en la vida, y en las que empleas tus mejores recursos y capacidades.

A esta sensación de experiencia óptima se le llama estar *en flow*, para destacar ese fluir que hace compatible un esfuerzo persistente con un desgaste mínimo. Se parece a lo que en términos deportivos es el *swing*. Frente al placer como pura emoción, el *flow* es más bien una ausencia de sensaciones incluida la del paso del tiempo.

Te haces uno con tu tarea en una especie de hiper-foco, de máxima concentración[2].

El tercer modo es la *vida con sentido o propósito*. Si la primera es pura emoción positiva, y la segunda vivir en *flow*, en esta también necesitas poner en juego tus fortalezas, pero para obtener algo que te supera, que te hace más grande, te trasciende, a lo que dedicas tus esfuerzos y tu vida. La clave no está en cómo hacerlo sino en el fin, pues persigues algo que mejore a los demás y te sientes bien en ese salir de ti. Esa finalidad y la conciencia de lograrlo te harán feliz, frente a cualquier otra actividad que, por entretenida que sea, solo provoque diversión.

Según las encuestas, la que nos hace más felices es la vida con sentido, seguida del compromiso, y por último la vida placentera. Realmente, lo ideal sería tener las tres, pues, aunque las dos primeras son más importantes, la placentera es la guinda del pastel, y ¿a quién le amarga un dulce?

a. *La vida placentera*

Este modo de alcanzar la felicidad consiste en realizar tareas que te hagan disfrutar y mejoren tu bienestar. Esta suma de situaciones positivas te hará también más resistente ante las adversidades.

Una cualidad importante para cultivarla es el sentido del humor, que ayuda a relativizar los sucesos y reírse

---

[2] Como el *aquí y ahora* del *mindfulness*, el objetivo es vivir el mayor tiempo posible en *flow*.

sanamente de uno mismo. Las personas con sentido del humor tienen una mente abierta y flexible, toleran bien la ambigüedad y son optimistas. Para algunos, tiene mala fama, porque les parece que es tomarse las cosas a broma, ridiculizar cosas que merecen respeto, una excusa para evitar el esfuerzo, infantilismo, etc. Sin embargo, no solo es una eficaz vacuna para la salud mental y física, sino también una manifestación de madurez. Es una de las formas más fáciles, baratas, seguras y rápidas, a la vez que socialmente aceptadas, de tener emociones positivas, y nos ayuda mucho cuando percibimos nuestras limitaciones o afrontamos una derrota.

El sentido del humor permite descubrir los contrastes, las paradojas e incoherencias de la vida, y que te rías de ellos, en vez de hacer un drama o *calentarte* la cabeza. Tiene mucho que ver con la adaptabilidad, una capacidad necesaria en este mundo *fluido* en que hemos de compaginar los límites y la firmeza de los principios fundamentales, con la diversidad y el ritmo de cambio cada vez más acelerado de nuestra cultura. También te ayuda a ser más creativo, a romper tus esquemas mentales habituales, y a plantear puntos de vista y respuestas originales a los problemas, especialmente si son nuevos.

Al igual que la felicidad, tiene mucho de humildad[3]. Las personas que se dan importancia suelen quitársela al de enfrente. Se toman la vida, *su vida*, muy en serio.

---

[3] Fernando Riaño, responsable de RSC de la ONCE, dice que la clave para crecerse ante las limitaciones —en su caso, la invidencia—, está en las 3 H: humildad, humanidad y sentido del humor.

Parecería que solo hay un modo de hacer las cosas bien. Frente a esta actitud, qué sano es aprender a reírse de uno mismo, o al menos sonreírse. Es perfectamente compatible tomarse la vida en serio con hacerlo sonriendo. Allport decía que el sentido del humor es *la capacidad de reírse de lo que uno ama, y seguir amándolo*. En situaciones difíciles, incluso con cierto matiz dramático, resulta un bálsamo, sobre todo si se hace de manera elegante. Cuenta el psiquiatra Luis Rojas Marcos cómo, siendo niño, le preguntó de improviso a su madre si prefería que la enterraran o que la incineraran. Ella, con una sonrisa de complicidad y tras una breve pausa, le dijo: *dame una sorpresa*.

Reírte de ti mismo te ayuda a intercambiar opiniones y ser más sociable, porque la gente está deseando reírse. A la vez, es un modo amable de presentar planteamientos o verdades muy sólidas. No me refiero a la sonrisa de la madre que introduce la cuchara de jarabe en la boca de su hijo, sino a la actitud sana de compartir una verdad, sin confrontación ni acritud. Algo así como *perdona que lo vea tan claro, pero...* En nuestra sociedad, tan contagiada por lo *woke* y la cancelación, el sentido del humor se ha convertido probablemente en la última defensa de la seriedad y la trascendencia.

Una manifestación natural del sentido del humor es la sonrisa. Quien lo posee le sonríe a la vida y a los demás, y al revés. Si te esfuerzas por sonreír te será más fácil reaccionar ante cualquier suceso con sentido del humor. Y si no, haz el gesto de sonreír, y verás cómo notas que algo en tu interior también lo hace; o sonríele al espejo, y verás cómo te devuelve la sonrisa...

La visión positiva de la persona en esta psicología se centra en sus emociones, fortalezas, logros y herramientas. Sin caer en el simplismo de decir que todo se reduce a ver solo lo positivo, más propio del mero *pensamiento positivo*, lo cierto es que buscar *directamente* la felicidad y la vida plena, sí lo parecen. La felicidad no surge de unas moléculas de dopamina almacenadas en una zona del cerebro, ni se trata de asociarlas con determinadas actividades para disponer de ellas siempre que queramos, como quien aprieta un interruptor. Es un fruto complejo e imposible de alcanzar sin aceptar los sufrimientos y dolores propios de la vida. Si todos tenemos lo suficiente en nuestro interior para ser siempre felices, y solo se trata de escoger determinadas herramientas como si de un *bouffet* se tratara, si solo depende de mí... ¿qué me está pasando entonces?

Reírse es sano, pero pensar que la *risoterapia* puede curar o producir un cambio estable en una persona, resulta ingenuo. La risa produce chispazos positivos, pero no tiene un efecto transformador ni duradero. Su efecto positivo no está en ella propiamente, sino en la emoción —la hilaridad— que la precede. Esta sensación tan agradable y positiva facilita las relaciones interpersonales, ayuda a asumir situaciones costosas, motiva a perseverar en una acción, añade cierta visión de juego, y por supuesto, es un buen contrapeso en situaciones emocionalmente negativas de miedo, ansiedad, vergüenza, tristeza o bloqueo.

También es importante que asegures tus necesidades básicas, tanto físicas como psicológicas, pues muchas personas no son felices al percibir estas carencias, o al apoyarse solo en los extraordinarios. Para eso, es fundamental que tengas rutinas sanas, hábitos que te protejan. Guarda el orden y el orden te guardará. Te vendrá muy bien construir una red de personas o formar parte de grupos que te comprometan y faciliten esas rutinas. No olvides que no se trata solo de apagar los fuegos que surjan, sino que la mejor prevención es regar con periodicidad, gota a gota.

Un ingrediente fundamental de una vida placentera es la autoconfianza, tu creencia de que resolverás cualquier problema. Esta percepción no es una certeza apoyada en tus experiencias anteriores, todas exitosas, sino que nace de la confianza básica. Es decir, aquella que adquiriste en la infancia, fruto de un apego seguro a tus padres, y que te lleva a pensar que, pase lo que pase, saldrás adelante, lo conseguirás. No me refiero tanto a conseguir objetivos concretos, como a la felicidad como vida lograda. Y unido a esta, el optimismo como disposición, la actitud habitual de ver las cosas desde su perspectiva óptima.

b. La vida como compromiso

Otro camino para ser feliz es el sentido de compromiso. Aunque esta palabra nos habla de atarse a algo, la traducción más correcta aquí sería vivir implicado, conectado, o más vulgarmente, *enchufado*. No solo en el objetivo sino en la propia acción, como experiencia. Es un estar en lo que haces, *en cuerpo y alma*. En esa situación pierdes la noción del tiempo, estás absorto. Las acciones, pensamientos y emociones se suceden sin intervalo, el tiempo vuela. Es el disfrute que ocasiona estar conectado, concentrado en esa actividad. Es como si, en esas condiciones, las partes del cerebro que atienden a estímulos de fuera y de dentro estuvieran apagadas, y todo tu potencial mental se centrara en lo que estás haciendo. Se produce una sensación de no-ruidos, no-alertas, que te resultará, en cierto sentido, placentera.

Como es experiencial, necesitas tener y desarrollar unas fortalezas o habilidades apropiadas para alcanzar esa sensación, que a partir de ahora llamaremos *flow*. Este término[4] se puede traducir como *experiencia óptima*, aunque literalmente sería "fluir". Se fluye cuando avanzas sin aparente esfuerzo, llevado por la corriente, en pleno *rafting*. Aunque haya cambios de velocidad y tengas que afrontar dificultades, la sensación es de flujo permanente.

Esta sensación, atemporal, se vive como de máxima libertad y motivación interior. En esos momentos te olvidas de cualquier carencia, limitación, e incluso de las necesidades básicas. Notas un alto nivel de competencia y control, en el que no pareces cansarte y funcionas de un modo casi automático o sin esfuerzo. Todo fluye porque se vive todo y solo en presente, con una gran creatividad y productividad.

Por último, paradójicamente, es como si te desconectara, si perdieras la conciencia de ti mismo y te expandieras. Tiene algo de trascendente, de fusión con el entorno,

---

[4] Lo introdujo otro padre de la psicología positiva, M. Ciskszentmihayi, y es muy valorada en el mundo del *management* por estar enfocada a la eficiencia con bajo consumo de energías.

en el que la percepción del tiempo se distorsiona. Esta experiencia se vive como agradable pese al esfuerzo que conlleva. A mí me recuerda la imagen de un gran ciclista en plena contrarreloj, hecho uno con la bicicleta, perfectamente acoplado, con una cadencia de pedaleo que parece no tener fin, imparable e imperturbable.

Todos tenemos unas fortalezas propias por naturaleza, en las que destacamos. Son la base de nuestro estilo ideal de afrontar la vida, y las que nos permitirán estar en *flow*. Has de aprender a vivir desde lo que eres, gracias a esas habilidades que te hacen un ser único y excepcional. Hay diversas maneras de conocer cuáles son las tuyas. La más directa es seleccionarla de una lista como esta:

- Eres optimista, crees en un futuro mejor, y buscas soluciones
- Tienes sentido del humor, eres simpático, y te gusta el juego
- Eres sociable y empático, y se te dan bien las relaciones sociales
- Te gusta cuidar y hacer el bien, eres cariñoso, compasivo y generoso
- Perdonas y eres comprensivo, aceptas las limitaciones ajenas y no eres nada rencoroso
- Eres humilde y modesto, no te gusta ser el centro de atención
- Eres creativo, se te ocurren soluciones originales
- Eres curioso, te gusta explorar y la novedad, quieres aprender
- Tienes pensamiento crítico, eres analítico e intentas ver desde todos los ángulos

- Tienes sabiduría, aprendes de los errores, prudente, no corres riesgos innecesarios
- Eres entusiasta, enérgico, audaz, te enfrentas a miedos y dificultades
- Perseveras, persigues las metas, terminas lo que empiezas
- Eres honesto, veraz, íntegro y auténtico, imparcial, con sentido de la justicia
- Eres tranquilo y templado, y manejas bien tus impulsos y pasiones
- Aprecias la belleza y la excelencia, y tienes capacidad de asombro
- Eres agradecido y te sientes afortunado
- Tienes un sentido de la vida, creencias y trascendencia
- Trabajas en equipo, eres colaborativo, leal, siempre aportas
- Posees liderazgo, influyes positivamente en tu equipo, organizas y te haces cargo

Otro modo de averiguarlas es definir qué actividades te producen momentos de mayor satisfacción, de disfrute, o cuáles te gustaría más repetir, y analizar qué fortalezas están en su base. O bien, en qué proyectos has obtenido tus mayores logros, o en qué actividades crees haber estado en *flow*, e identificar igualmente tus fortalezas implicadas. Por último, te puedes apoyar en el modelo de las ocho inteligencias de Gardner: inteligencia lingüística, lógico-matemática, espacial, musical, corporal, interpersonal, intrapersonal y naturalista, y pensar cuál tienes más desarrollada de forma natural.

Y en lo concreto, ¿cómo puedes llegar a un estado de *flow*? Aunque lo ideal sería vivir así de continuo y de forma espontánea, habitualmente te lo tendrás que proponer. Al ser algo experiencial tiene una técnica que puedes entrenar. Si ya conoces tus fortalezas, ahora se trata de seguir una serie de pasos y practicarlo siempre que puedas.

En primer lugar, necesitas algo que te genere curiosidad o interés, o que te motive por sí mismo, y en lo que puedas disfrutar. Una actividad relacionada con una de tus fortalezas.

A continuación, márcate un objetivo claro y asequible, y no sigas si no tienes claro por qué lo quieres conseguir. Puede estar un poco por encima de tus capacidades, pero no te plantees metas excesivamente difíciles ni fáciles. Las primeras te pueden producir ansiedad y excitación; y las segundas, apatía o aburrimiento. Si es una actividad creativa, más que objetivos finales, los irás concretando en el camino, mientras avanzas.

Busca un momento tranquilo, sin distracciones y con tus necesidades básicas cubiertas. Una vez comiences, mantén la atención. Si pierdes la concentración, si te dispersas, se produce desorden y caos, y no alcanzarás la sensación placentera. Evita recuerdos y nuevos datos, y, por supuesto, huye de la multitarea.

Céntrate en el proceso, no en el resultado, y disfruta del presente, o, mejor dicho, del gerundio. Añade el refuerzo positivo de tus endorfinas si lo haces oyendo música, de la oxitocina mediante una buena compañía, etc. Nota la sensación de control o, en su defecto, de la despreocupación, y repítelo las veces que haga falta.

Un aspecto crítico de estas estrategias es que nos hablan mucho de aprender, mantener y desarrollar fortalezas, experiencias emocionales y estilos de vida, pero poco de cómo hacerlo. Son aparentemente sencillas, y parecen surgir casi solo con desearlas, o solo por repetición de actos. Este es también uno de los puntos débiles de la autoayuda, y recuerda un tipo de pensamiento blando de esos que critican los propios padres de la psicología positiva. Un peligro sin duda es la llamada *trampa de la felicidad*: vender tan barata *la moto* de la felicidad que fácilmente caigamos en la tristeza y desesperación de ver que no terminamos de conseguirlo.

Hay un tipo de actividades que permiten estar en *flow* y que necesitan poca tarea. Son esas cuyo beneficio está en la actividad misma, y no en sus consecuencias, como oír música, contemplar arte o la naturaleza, etc.[5].

c. La vida con significado o sentido

El tercer tipo de vida que nos conduce a la felicidad, y el más importante para la mayoría de las personas, es tener una vida con sentido o propósito. Un modo clásico de entender la naturaleza de algo es su finalidad, para qué sirve, para qué está diseñado. Si logro mi objetivo, mi

---

[5] Son las actividades denominadas autotélicas —de télico: fin—, porque terminan en uno mismo.

propósito de vida, tendré una vida plena. Si peleo por él, mi esfuerzo diario tiene sentido y afrontaré mejor las adversidades. En la naturaleza, todo tiene un fin, y si pensamos que no, es porque lo desconocemos. Cada uno ha de saber cuál es su propósito, el sentido de su vida, aquello a lo que no estoy dispuesto a renunciar, para poder pelear por él y alcanzarlo.

¿Sabes cómo averiguar si tu vida tiene un sentido? Se suelen sugerir diversas posibilidades. Una es que pienses si tienes una forma de contar tu historia, la trama de tu película. También puedes redactar o grabar un mensaje dirigido a los tuyos para cuando faltes, o qué te gustaría que dijera tu obituario: tus logros, lo que dejas atrás, las cosas de las que te sientes más orgulloso, cómo tu vida ha repercutido en otras personas, si has dejado huella... O bien, piensa qué te queda todavía por hacer.

Quizá un profesor de bachillerato diría con razón que en el reino vegetal la finalidad son los frutos, pero a nosotros nos va a interesar quedarnos en las flores, como paso previo. La psicología positiva te dice que estás hecho para *florecer*, para dar todo lo que tienes dentro. No sería bueno que limitaras tu crecimiento a un molde autoimpuesto o marcado por tu entorno. Tienes que expandir todo tu potencial, dar tu mejor versión —*premium*— desarrollando al máximo tus raíces y ramas.

> Tanto a esta psicología como al estoicismo se les critica su tinte individualista, por varios motivos. Primero porque nos hacen los únicos responsables de nuestra felicidad y de nuestros éxitos-fracasos.

Parece que, siempre que queramos, podemos mejorar y ser más felices: parece que querer siempre es poder. En segundo lugar, por su insistencia en que lo importante es la interpretación, cuando la realidad objetiva es también bastante tozuda. Y, en tercer lugar, porque nos dice que incluso lo más elevado de mi vida, su sentido, pasa por mi crecimiento personal y bienestar. Es indudable que estas herramientas y estrategias favorecen a ambos, pero también es verdad que, ante la experiencia de nuestras limitaciones, del sufrimiento, de lo efímero de tantas cosas, y por supuesto de la muerte, cuando te topas con esos límites de la naturaleza que solo el hombre conoce, esas mismas herramientas te abandonan a tu suerte. El algoritmo no da más de sí, o entra en bucle, y exige un salto en el vacío.

Es posible, además, ser feliz sin necesidad de florecer del todo. No será una felicidad permanente, pero, cuando te falte, siempre podrás reflexionar sobre las elecciones que te han llevado hasta ahí, y las fortalezas que te pueden sacar de esa situación, y seguir floreciendo. Esta combinación de crecimiento, esperanza y bienestar, frutos del compromiso personal de una vida auténtica, será la fuente de tu alegría, eficaz antídoto también para la ansiedad y el desánimo.

El florecimiento o *flourishing* —como el *flow*— no es innato, sino que te lo tienes que trabajar alimentando tu motivación, la confianza en ti mismo, la autoestima, etc. Solo así te marcarás objetivos, movilizarás recursos y energías, y te atreverás a ilusionarte. Volarás alto y comprenderás, y sentirás, de lo que eres capaz. Con valentía y esfuerzo conseguirás crecer y romper tu molde, tus esquemas anticuados y liberarte de tus relaciones tóxicas[6].

Esta mentalidad de crecimiento necesita unos *nutrientes*. El primero es la autoaceptación y autoestima, para que te trates con amabilidad, comprensión y aceptación, sobre todo en momentos de especial dificultad, como harías con un familiar o amigo. Así evitas reaccionar ante el dolor con autocrítica y reproches de fragilidad, falta de previsión, etc. Otro nutriente es tener un sentido, una misión para tu vida, qué quieres aportar y a partir de qué valores. Quizá esta adversidad actual te haga crecer en algún aspecto necesario para cumplir dicha misión. Un tercer nutriente es sentirte autónomo y libre, responsable de ti mismo y de tu mejora. Fruto de esa responsabilidad, nacerá un compromiso contigo mismo, con esa misión y con los demás. También

---

[6] E. Cabanas acuñó el término *psytizen* para referirse al modelo de persona desde esta perspectiva, y que reúne tres cualidades: a) Una buena gestión emocional del Yo para motivarse, persistir en sus objetivos y ser eficiente. Para eso cuenta con el optimismo, la inteligencia emocional o el *mindfulness*; b) Autenticidad para desarrollar las capacidades naturales propias, y su marca e identidad; y c) El florecimiento, apoyado en el crecimiento personal, autodeterminación y autorealizacion, y en técnicas de motivación, creatividad, resiliencia, etc. Este nuevo ciudadano sufre nuevas patologías: exceso de autoanálisis, hipertrofia de la interioridad y de la emotividad que le aísla del mundo real, búsqueda obsesiva de la autenticidad que termina deformándola, y consumo compulsivo de una nueva industria de la felicidad con múltiples bienes y servicios en forma de *coaches*, *fitness*, dietas, autoayudas, etc., cuyo éxito todavía está por ver.

te interesa tener buenas y sólidas relaciones sociales, una buena red de apoyo. Personas empáticas, comprensivas y que puedan ayudarte para superar los desafíos. Por último, es importante que aprendas a gestionar tus emociones y a cultivar las positivas, haciendo planes divertidos, redactando un diario de agradecimientos, estando con personas positivas, etc.

¿CÓMO PUEDES AFRONTAR LAS DIFICULTADES DESDE LA PSICOLOGÍA POSITIVA?

Aunque se podría pensar que lo ideal es florecer en *condiciones normales de presión y temperatura*, o sea, sin adversidades ni limitaciones, la realidad suele ser otra. Los obstáculos de la vida misma son las mejores oportunidades de crecimiento. Pero ¿cómo hago para que una situación de crisis o de dificultad, lejos de dañarme o destruirme, me haga florecer? Con frecuencia, ante el sufrimiento, nos planteamos estrategias dirigidas a resolver el origen del problema, y a eliminar las emociones negativas que lo acompañan. Ambos objetivos están bien, pero, ninguno de ellos nos transforma, ni nos hace mejores personas. En cambio, podrías ver esa situación como una oportunidad para profundizar en el sentido de tu vida, fortalecer una relación, forjar tu carácter, ahondar en tu vida espiritual, etc.

Aunque existen algunas terapias específicas[7], los enfoques para afrontar las adversidades desde esta psicología suelen recomendar:

---

[7] Como la *Terapia del bienestar —well-being therapy—* y la *Terapia de la calidad de vida.*

a) Acepta con realismo tu vida: afronta lo que puedas cambiar, y acepta lo que no. Las dificultades no son una sorpresa negativa, sino realidades comunes que has de intentar resolver, pero no evitar por sistema. A la vez, les puedes dar un significado a esa experiencia y sufrimiento inevitables. Esto lo puedes aplicar tanto a un duelo en el que has de empezar por aceptar la pérdida, como a algo por lo que te sientas culpable asumiendo de modo sano tu responsabilidad. Por otra parte, explora todos los elementos positivos y negativos de la situación, para hacer un balance más realista.

b) Es importante que mejores tu flexibilidad y adaptabilidad, sobre todo cuando las estrategias que usas para protegerte son tan rígidas que pueden ser a su vez un problema. Percibirte vulnerable o frágil te ayudará a entender y asumir que la vida tiene algo de impredecible e incierto, pero que la peor opción sería no hacer nada. El peor tiro a canasta es el que no se lanza. Así, si toleras mal la incertidumbre, si eres de esos que quieren tener todo controlado, siempre podrás iniciar un camino aun reconociendo sus riesgos, y tener algo previsto por si la cosa se tuerce. Por último, si lo ocurrido parece ilógico, acéptalo entendiendo que es una de tantas excepciones que se dan en la vida, una vida que tiene una trama en su continuidad, pero de la que estás observando solo un fotograma, quizá desconcertante y de ruptura.

c) Promueve el optimismo y la esperanza. Resalta lo que hay de positivo en la situación, y confía en que terminará suficientemente bien, o lo mejor posible. También puede ayudarte temporalmente que te lances mensajes motivadores: ¡vamos!

d) Analiza tus emociones y consigue un buen balance entre las positivas y las negativas. Si lo que te pesa son situaciones pasadas, puedes emplear alguna técnica narrativa para reconsiderarlas en positivo. Por ejemplo, redacta lo que pasó, pero detallando más los sucesos positivos, y menos los negativos. Esto mejora tu valoración positiva del pasado. También te ayudará ser agradecido por situaciones vividas mediante cartas o visitas de agradecimiento, escribir al final de cada jornada algún motivo de gratitud, etc. Las intervenciones basadas en el perdón son igualmente muy liberadoras y sanadoras.

Se suele hablar de emociones positivas y negativas como si fueran categorías rígidas, blanco-negro, cuando, en realidad se pueden transformar unas en otras. Además, sentirse culpable, estar preocupado por un conflicto o triste por una pérdida, no es distorsionar la realidad, y puede ayudar a crecer como persona. De hecho, se llaman positivas o negativas por resultar agradables o no, como alegría/tristeza, pero no por su valor moral. Las negativas son estados naturales del hombre y tienen un sentido. Querer evitarlas nos hace más frágiles, le resta colorido al *cuadro* de la vida, y dificulta entender y gozar de las positivas. Además, una emoción negativa puede generar conductas positivas. No es verdad que el florecimiento se consiga gracias al bienestar derivado de evitar todo sufrimiento y todo lo que no va en la vida.

e) Conoce tus recursos. Te puede servir recordar situaciones pasadas que se parezcan a lo que te está pasando, y de las que extraer alguna experiencia útil. Ten en cuenta las estrategias y habilidades que entonces te ayudaron. También puedes apoyarte en algún listado o cuestionario de fortalezas de la red, y concretar el modo de hacerlo.

f) Aplica una mentalidad de reto para encontrar soluciones con creatividad, y reajusta si es preciso tus prioridades, relaciones personales y filosofía de vida. Sigue el ejemplo de personas y situaciones que te sirvan de modelo animante. Detecta los pequeños signos de cambio, *brotes verdes*, y poténcialos en cuanto aparezcan. Así alimentarás tu esperanza.

Otro concepto de la psicología positiva que ha calado mucho es el de *resiliencia*, que, como veremos, se solapa con el florecimiento. Las dificultades forman parte de la vida. Ser positivo no es negarlas, ni mirar para otro lado, ni, por supuesto, evitarlas por sistema. Cuando algo va mal, ser positivo facilita seguir adelante. Y aquí es donde entra la resiliencia como capacidad de sobreponerte a las adversidades y no simplemente adaptarte, y conseguir no solo sortear la dificultad sino salir fortalecido. No es invulnerabilidad. Es inmunidad no porque nada te pueda atacar, sino porque *fabricas* defensas para el futuro. No se trata de no sufrir consecuencias negativas, sino de adquirir una mayor capacidad para recuperarte y crecer en contextos difíciles.

> Para algunos autores, el concepto de resiliencia no aporta realmente nada sustancial al de afrontar positivamente una dificultad, lo cual suele originar un fortalecimiento personal, y una mayor madurez. Para estos, es una nueva etiqueta para una realidad conocida, y no un nuevo concepto enriquecedor.

Hay personas que parecen haber nacido resilientes, como esos casos de infancia difícil que acceden a la vida adulta con un alto grado de madurez y sin aparentes heridas. Pero todos, siempre, podemos crecer en resiliencia si mejoramos en conocimiento propio, potenciando nuestras fortalezas y recursos, y optimizando nuestra relación con los demás.

La personalidad resiliente destaca en tres ámbitos. En primer lugar, en competencias emocionales, que hacen que las cosas le afecten según quieren, y que no dependan tanto de las circunstancias para estar bien. Es importante una buena autoestima, un equilibrio y una regulación adecuada de las emociones, así como una cierta autonomía y sentido del humor. Estas personas tienen más sensación de control y de capacidad para afrontar los retos. En segundo lugar, el resiliente destaca en habilidades sociales para construir relaciones sanas, posee un sentido adecuado de pertenencia a un grupo, buena comunicación interpersonal, empatía, etc. Y, en tercer lugar, goza de competencias orientadas al futuro como el optimismo, sentido del compromiso, flexibilidad y adaptabilidad, capacidad de resolver problemas, y valores y sentido de la vida. Todo esto permite interpretar mejor lo que ha pasado y organizar mejor una respuesta con los medios que cada uno tiene.

Todos podemos ganar en resiliencia. Aunque al principio se pensó que nacíamos más o menos resilientes, ahora sabemos que, si bien puede haber alguna capacidad innata, lo innato se puede trabajar y desarrollar, y los factores familiares, sociales y culturales influyen. Entre estos destacan haber tenido un apego seguro a los padres en la infancia, haber aprendido desde niño a exponerse al riesgo de forma controlada y a evitarlo de manera proporcional al posible daño, tener suficiente formación cultural, disponer de un buen soporte familiar y social, y poseer un sentido trascendente de la vida.

La personalidad resiliente se siente fuerte para afrontar los posibles sentimientos de impotencia, se ve capaz de comprometerse e implicarse más si arrecia la dificultad, y contempla los obstáculos como retos de los que aprender, sin pretender vivir siempre sobre seguro o evitando toda amenaza e incertidumbre[8]. Estas actitudes hacen que la persona se cuide —alimentación, descanso, deporte— para mantenerse con

---

[8] Una *persona genuina* —para B. Brown— es la que se apoya ante los retos y adversidades en su vulnerabilidad consciente, y esta le sirve para rearmarse, ser autocompasivo y conectar con los demás. Se arriesga a superar la vergüenza y el miedo al fracaso, pues realmente son un campo de minas que él mismo ha sembrado. Cuenta con que puede salir mal, con el supuesto *fracaso*, porque lo contrario impide aprender, ser creativo e innovar. No se pregunta si lo hará bien o mal, sino si de verdad está decidido a pelearlo. Además, parte de esa vulnerabilidad percibida no es real, sino fruto de compararse y de querer optar a un Yo ideal —no real—, que no necesita para ser feliz.

energía y motivada, busque apoyos, y afronte las dificultades con perspectiva y respuestas novedosas. La persona resiliente se autodirige, se adapta y es flexible, proyecta en el futuro, planifica los pasos y toma decisiones.

Con los años, el paraguas de la psicología positiva ha acogido diferentes estrategias de crecimiento personal y bienestar. Han aparecido múltiples manuales de autoayuda, con mensajes muy prácticos, que transmiten un enfoque autosuficiente apoyado en que mi felicidad está a mi alcance si yo quiero, sin entrar a aspectos trascendentes de la persona. Claro que se habla de valores elevados como un propósito de vida donde entran los demás, aunque, en el fondo, estos tendrán sentido si me hacen crecer y ser feliz. Pero ¿qué pasa si después de aplicar estas estrategias y herramientas la vida no me sonríe? ¿Qué me queda? ¿Aprender más? ¿Solo la aceptación? ¿Quizá necesite más paciencia y optimismo hasta conseguirlo? Intentaré dar alguna respuesta en el próximo capítulo, pero antes, veamos cómo se aplica todo lo anterior a la vida misma.

¿QUÉ SOLUCIONES OFRECE LA PSICOLOGÍA POSITIVA ANTE ALGUNAS DIFICULTADES DE LA VIDA?

***Caso 1. Acabo de suspender unas oposiciones** tras varios años de preparación, con muchos sacrificios y renuncias. Estoy cansado y dolido, y me encuentro ante una encrucijada: abandonar o volver a presentarme con todo lo que eso supone.*

Después del mazazo y de tanto esfuerzo, el primer objetivo es recuperarte, para hacer después una valoración objetiva de la situación, cuando estés en condiciones, y concretar un nuevo plan. Ha sido duro, y más aún si piensas que podías haberlo conseguido. Pero tu felicidad no puede depender de una nota, ni puedes quedarte bloqueado después de todo lo que has hecho. Tu futuro empieza hoy, y el primer paso es recuperarte y recomenzar. Concreta cómo descansar empezando por las horas de sueño que necesites, come bien, haz ejercicio, distráete, etc. Ríete, y disfruta a conciencia. Propóntelo. Cuanto mejor te lo pases antes te recuperarás. No solo te lo mereces, sino que así volverás antes a la *trinchera* con fuerzas renovadas.

Frecuenta tus zonas de confort: aficiones, amigos, intereses personales, espiritualidad, etc. Fomenta ahora que puedes tus relaciones personales, sobre todo con quienes transmiten paz y positividad. Aprovéchalas para compartir tus emociones, lo que ha pasado, y qué piensas del futuro. No te juzgues, no es el momento.

En cuanto te veas con la mente y el cuerpo frescos, haz una valoración detenida, positiva y realista a la vez, de lo que ha pasado y de cómo quieres plantear tu futuro. Amplía el foco en primer lugar hacia atrás considerando todo lo bueno que tienes y que has hecho en la vida, tus tesoros y tus logros. Esto te permitirá pisar fuerte para, a partir de ahí, propulsarte hacia delante. Agradece haber podido intentarlo, y valora tu esfuerzo y las renuncias que te ha supuesto, por lo que te han ayudado a crecer como persona. Haz una lectura intencionadamente positiva, sobre todo si, por forma de ser, eres muy autoexigente. Narra lo positivo de forma más concreta, y lo negativo más en general. Ahora necesitas más ánimos que palos, es un *momento zanahoria*. Amplía el foco por elevación. Amplía tu perspectiva. Si tienes una visión trascendente, aprovecha para subir todo lo alto que puedas, sin perder el contacto con la tierra. ¿Qué sentido tiene tu papel como opositor? No eres simplemente un candidato, un aspirante a algo. Tu estudio es real y tiene un sentido, *eres* un opositor, a la vez que tu vida no es tu oposición. Desdramatiza el suspenso, sobre todo si sabes que aprueban pocos o que es raro hacerlo a la primera… sin faltarte al respeto con un consuelo fácil. El suspenso es una contrariedad, pero no un desastre. Si ves lo positivo es más fácil que recomiences pronto y bien…, y que termines logrando tu objetivo. La vida, como en el juego de la Oca, obliga a veces a pasar por la casilla de la *cárcel. Keep playing!*

Haz un examen sereno y realista, como un buen atleta. No necesitas mucho tiempo. Aprovecha las conversaciones sobre cómo te ha ido, o mientras paseas, para detectar si hay algo que quieres mejorar en tu preparación. Serán chispazos que te iluminen, sin buscarlos. Recuerda cuáles son tus principales fortalezas para esta meta, y proponte apoyarte más en ellas en lo sucesivo.

Reconsidera si, con más esfuerzo, puedes aprobar. Quizás has descubierto que era más difícil de lo que pensabas, aunque si lo deseas, aplica más compromiso e implicación, y ¡a por ello! lo que ha ocurrido no solo es por lo que has hecho o has dejado de hacer. En la vida hay muchos imponderables. Son variables en tu ecuación que desconoces y que nunca podrás controlar, aunque sepas que existen. Pide consejo.

Sé compasivo contigo mismo, acepta tu realidad, y aplica una sana responsabilidad. Perdónate si hiciste algo mal. Si es así, el mejor modo de superarlo es empezar a esforzarte por cambiar. Y refuerza tu nuevo propósito, aunque notes que el corazón todavía no te sigue del todo. Evita los autorreproches si no existe un motivo concreto. Detecta cualquier planteamiento negativo o corrosivo, y fabrica tus propios *anticuerpos* especialmente hasta que cojas carrerilla en tu nuevo proyecto. Piensa que parte de tu autocrítica negativa podría ser por compararte o proyectarte en un Yo-ideal, en cómo deberías ser. No te enredes en un bucle de preguntas sin respuesta, en comparaciones que te bajan la autoestima, en conductas que te calman algo el dolor pero que abren otras heridas sin aportarte nada, en mensajes que te victimizan y no te dejan madurar, o en autodefensas de huida para evitar la dolorosa realidad.

Encuentra un sentido al suspenso dentro de tu gran proyecto vital: nada importante y que merezca la pena se consigue sin esfuerzo. Este revés es solo un fotograma de tu *peli*. No es un paso atrás ni un parón en tu vida. *Es la vida*. El cronómetro importante sigue avanzando. En un futuro lo entenderás mejor en el contexto del guion, y lo recordarás como *las veces que tuve que presentarme* para conseguirlo. En cambio, puede ser una oportunidad para crecer aprovechando esta *meta volante,* que te acerca a la gran meta final. Son señales del camino que hay que respetar, porque te guían. Quizá pensabas que sería distinto, pero es la realidad, y solo ella te hace auténticamente feliz. Te puede ayudar redactar una carta autodirigida desde el futuro, por ejemplo, dentro de 10 años, resaltando los aspectos positivos que te supuso.

El suspenso no es una sorpresa negativa, sino una realidad común que debe resolverse, no evitarse. No te asombres de que haya pesas en el gimnasio, como si fuera una contrariedad. Ahora conoces mejor tus límites. Rehazte y afronta tus miedos y humillaciones. La cuestión no es si aprobaste o no, si hiciste bien o mal, sino si estás decidido a pelear por esa oposición, y cuánta carne estás dispuesto a poner en el asador. En cuanto te veas en condiciones y notes que el corazón se mueve, que te lo empiezas a creer, comienza a implicarte en el nuevo plan. Visualízalo: vuelve a prepararte con la experiencia y conocimientos acumulados, o bien comienza un nuevo proyecto, si lo prefieres. Inicias un nuevo capítulo de tu novela. Apuntálalo compartiéndolo con otros, pon el cartel de *ocupado*, y habla ya de él como su protagonista. Es normal que el suspenso te genere incertidumbre. Es un riesgo, pero compensa; sopesa los puntos positivos y negativos, y decide. El peor penalty es el que no se lanza. Si suspendiste contra todo pronóstico, acepta esa posibilidad improbable de la vida. Sé resiliente: encájalo bien y estarás en mejores condiciones ante el nuevo reto.

No te focalices en el problema sino en la solución. Ahora puedes pisar fuerte porque conoces mejor la superficie, tienes fuerzas renovadas tras el descanso, y has corregido o confirmado el rumbo. Empieza por concretar unas primeras metas asequibles, y ve paso-a-paso, sin levantar excesivamente la mirada a lo que está más allá. Esas primeras victorias te darán confianza. Entras en una nueva dinámica de resultados positivos: ¡Vamos!

A la vez, en la medida en que el estudio te lo permita, inicia o cultiva algún proyecto que te ilusione, aunque quizá con el tiempo hayas de resituarlo o incluso abandonarlo. No importa que le dediques poco tiempo, pero sí que sea atractivo y mejor si no tiene un objetivo medible, que se disfrute por sí mismo, como la lectura, contemplar arte o la naturaleza. Te ayudará a realizar en *flow* alguna actividad relacionada con ese proyecto.

Caso 2. *Acaban de echarme del trabajo*, *y estoy triste y preocupado. Mi desempeño era bueno y estaba contento con ese trabajo, pero me han despedido sin previo aviso.*

Es normal que estés así, pero tu felicidad no debería depender de esa situación. No dejes que te controlen las vivencias de fracaso, vacío, etc. Aprende a detectar y ser espectador de tus emociones, y ponte manos a la obra. No te focalices en el problema sino en la solución. ¡Ánimo!

Aunque tengas que dedicar tiempo a buscar un nuevo trabajo, aprovecha para cuidarte y hacer cosas que te gusten, sin sentirte mal o culpable. Entre otras cosas, no se puede estar todo el día buscando trabajo, y, además, *no por mucho madrugar amanece más temprano.* Cuanto mejor estés, más fácil será que lo encuentres. No rechaces sin motivo —*no me lo merezco, no tengo derecho...*— planes agradables o divertidos si se presentan. Piensa también en actividades con un valor añadido de cuidado o atención a los demás. Tienes la recompensa asegurada, y muchas veces al instante.

Reinterpreta tu situación en positivo, hasta donde puedas. Acéptalo y piensa con serenidad y realismo si has de mejorar tu currículum, formarte más. Ahora te toca ganar en paciencia, adaptarte y tener una sana compasión contigo mismo. Toda mejora siempre será positiva. Explora y concreta lo positivo y lo negativo de lo ocurrido, y apóyate más en lo positivo. Por ejemplo, agradece el trabajo anterior y todo lo bueno que tienes en otros ámbitos: salud, familia, amistades. Piensa si puedes agradecer personalmente a alguien que te haya ayudado en el pasado.

No estás arrojado en el mundo sin trabajo, tu vida no está en paro. Eres libre y ahora toca cambiar de caballo. Las dificultades forman parte del día a día, y hay que afrontarlas y dejarlas atrás. Si te notas algo atascado, aplica una nueva perspectiva para generar nuevas alternativas. Empezar un nuevo trabajo es una buena oportunidad para dar más fruto, crecer como persona y profesionalmente, desarrollar más tu potencial y, en definitiva, florecer... ser más feliz. Vas a estrenar un nuevo molde en el que podrás dar más de sí. La seguridad y la estabilidad laboral son buenas y agradables, y suman, pero hay cosas mejores.

Confía en que encontrarás un nuevo empleo. Recoge por el camino todos los refuerzos emocionales positivos que puedas. Son combustible extra que de por sí no resuelven nada, pero que te ayudarán en el empuje que necesitas: rodéate de personas positivas, ilusiónate con realismo ante cualquier brote verde, usa ejemplos de otros que pasaron por esa situación con éxito —y tú, ¿por qué no?—, lánzate mensajes de ánimo. Aplica una mentalidad de reto y tenacidad. Para eso necesitas reconocer tus principales fortalezas y potenciarlas con creatividad y optimismo. Repasa una lista de ellas y destaca las tuyas que mejor aplican a buscar trabajo. Empéñate en vivir este tiempo de espera activa con un ritmo sostenible, marcándote metas concretas y asequibles, que te mantengan en la pelea, te permitan lograr objetivos y den un sentido a tu presente. Te puede motivar pensar lo que te gustaría que dijeran en tu jubilación o en tu funeral sobre cómo en estas circunstancias difíciles no te rendiste, y peleaste hasta conseguirlo.

Acéptalo como una realidad muy común, sin hacerlo un tema personal ni de mala intención ajena. Evita el rencor y el resentimiento: así solo consigues auto-envenenarte lentamente. Si el despido lo ves ilógico, quizá te falte información; o si te parece una injusticia, entiende que también forman parte de la vida. Es normal que te duela, pero no te rebeles ni te indignes, solo te quitarán fuerzas y paz. No estés todo el día hablando de lo mismo, y menos, para lamentarte. En cambio, compártelo cuando lo necesites con personas cercanas mediante una buena narrativa. No sirve de nada repetir mil veces una queja, al revés, suele ser negativo y provocar rechazo en los demás. Describe los hechos de modo sencillo, di cómo te sientes, los pros y los contras con sus matices, posibles soluciones y dificultades. Emplea el sentido del humor y cualquier argumento que te ayude a desdramatizar: *No hay mal que cien años dure; ya saldremos de esta; hemos toreado en peores plazas,* etc.

Si piensas que ese trabajo era perfecto, y el próximo no lo será, recuerda que tu felicidad no depende de esa perfección, y que nada en la vida lo es. Basta que sea suficientemente bueno, que llene tu *recipiente...* y déjate sorprender. Ten unas expectativas adecuadas y no des pasos en falso empujado por sentimientos de culpa, inseguridad, el qué dirán... Y, por supuesto, para calmar el dolor no te aísles ni recurras a falsas salidas que no te aportan nada positivo: consumo perjudicial de alcohol u otras sustancias tóxicas, uso compulsivo de internet, etc.

Es algo con lo que no contabas, pero toda tu vida tiene una continuidad, un hilo conductor, que da sentido a este capítulo, cuyas sombras contrastan con los colores de otras épocas. Es bueno que tengas conciencia de tu vulnerabilidad, y de la precariedad de la vida, sin caer en el pesimismo, la evitación o el abandono. Si te entristeces o enfadas mucho, analiza, quizá con ayuda, los motivos. Tal vez tengas alguna herida previa que aumenta tu dolor: no confundas las voces del dolor de lo ocurrido con los ecos del pasado. Estas luces te ayudarán a salir mejor y más rápido del hoyo emocional. Mantente activo, en búsqueda, con pequeñas metas a renovar las veces que haga falta.

Si te asalta la incertidumbre del *hasta cuándo* y del futuro, redirige tu mente al presente y a lo que está ahora en tu mano. No cedas a la falacia del inseguro, de querer controlar. Es lógico, por muy bien que lo pelees, que tengas momentos de dudas y sombras: compréndete, pero reacciona lo antes posible y, si fuera preciso, solicita ayuda de tu entorno o de un profesional.

Tienes un nuevo papel en la vida: buscar trabajo. Es temporal, pero vívelo con la misma intensidad y compromiso que si fuera para siempre. Así lo llevarás mejor y estarás en las mejores condiciones para lo que está por venir. Empieza por concretar un horario con un nivel de exigencia sostenible. Haz las gestiones que necesites, pero diversifica también tu esfuerzo, si puedes, con otras tareas, mirando siempre un poco por delante. Asegura en lo posible que tú y los tuyos vais a tener las necesidades básicas cubiertas. Si necesitas ayuda, pídela lo antes posible y evitarás daños colaterales. Más vale ponerse una vez colorado, que cien veces amarillo. Pide consejo, aunque creas que no lo necesitas, y déjate asesorar.

Aprovecha para dedicar tiempo a otros ámbitos de tu vida como la familia, los amigos o la cultura, que quizá antes no pudiste precisamente por tu trabajo. Incorpora buenos hábitos, deporte, cocina, planes con antiguos amigos, etc. Ojalá puedas vivir alguna actividad en *flow*, y para eso piensa en alguna del pasado que te haya hecho sentirte así, o que te gustaría repetir.

Caso 3. *Pasan los años y mi mejor amiga sigue sin tener una pareja estable.* *Ella siempre soñó con casarse y formar una familia. Al principio hacíamos bromas, pero conforme pasa el tiempo se ha convertido en un tema tabú. Aunque sé que no depende de mí, me gustaría darle algún consejo que le consuele y ayude.*

En primer lugar, dile que cambie su dinámica negativa actual de *no tengo a nadie, me quedaré sola toda la vida, a nadie le importo, como no lo he conseguido aún seguro que no lo conseguiré, es injusto,* por una positiva de *soy libre para elegir y acertar, dispongo de más tiempo, todavía no ha aparecido pero puede hacerlo en cualquier momento, voy a disfrutar con lo que tengo y no sufrir con lo que no tengo,* etc.

Es un deseo lógico y bueno tener novio, pero que disfrute ahora de lo que sí tiene. Que no deje que lo ideal, un futuro que aún no existe, le prive de la realidad presente. Quizá con otra persona la vida tenga más sentido, pero sola también lo tiene. Pensar que por tener pareja va a ser feliz, o que es el único modo de serlo es una seguridad hueca. Puede que tenga una visión idealizada de vivir en pareja. Y no solo porque es mejor sola que mal acompañada, sino porque estamos solos cuando estamos vacíos, y no cuando nos falta alguien a nuestro lado. Lo importante no es la realidad, sino su interpretación. Es verdad que no tiene pareja, pero que se fije en lo que sí tiene: familia, amistades, trabajo, salud, etc. Que valore lo positivo de disponer de más tiempo, o poder cuidarse mejor y hacer planes que, si estuviera con alguien, serían imposible. Que no remueva el pasado y evite la autocrítica sobre oportunidades perdidas, o qué hubiera pasado si..., que le restan autoestima y confianza. Le ayudará pensar qué cualidades y fortalezas empleó antes en situaciones emocionales parecidas, y que se apoye en ellas repitiéndose con frecuencia que lo va a conseguir.

Es normal que tema por la incertidumbre de que *se le pase el arroz* y que nunca aparezca nadie... pero ese día será algo instantáneo, quizá el día menos pensado. Al día siguiente lo verá de otra manera. Que se apoye en ejemplos de personas que después de un tiempo que pensaban que nunca llegaría, encontraron a la persona de su vida. Además, realmente, todos podríamos preguntarnos en cualquier circunstancia: ¿Qué va a ser de mí? No sé qué será de ti, le puedes decir, pero muy probablemente esté relacionado con lo que sea hoy y mañana: lo que tú quieras que sea. Que mantenga su objetivo en el punto de mira, pero con los pies en el presente. Ella es la protagonista de su novela, y aunque no lo tiene todo, tiene lo suficiente para ser feliz y florecer.

No tener aun pareja no significa que ella no sea un buen partido. No es cierto que *se supone* que todo el mundo la tiene. Esto dice más de cómo está el ambiente, y de cómo es la gente, que de ella. Lo bueno y lo valioso no abunda. Que piense que el control de su nave lo tiene ella. Aunque todavía no haya aparecido el otro tripulante, o aunque no tenga aún pista de aterrizaje, tiene combustible de sobra. Que disfrute del viaje, de su libertad para moverse y, por supuesto, de las vistas. Que conserve buenos hábitos y se sorprenda de vez en cuando con algo especial, como haría con alguien querido. Por ejemplo, que organice un día perfecto e intente disfrutarlo a conciencia. Que se cuide y cuide de los suyos, e intente implicarse en actividades que le llenen y enriquezcan como persona. De momento, no puede compartir su vida con una persona, entregarle su corazón, pero puede hacerlo de otra manera con otras personas. Sería ideal que alguna de esas actividades le permitiera estar en *flow*.

No es una injusticia, como tampoco es un premio para los mejores ni para las buenas personas. Ya sabemos que es un tema serio: el paso previo a su plan de formar una familia, pero que intente sonreír, aunque solo sea porque si aparece alguien, será más fácil que *se quede* si le pilla sonriendo… Conviene que desdramatice. Hay muchas personas muy valiosas sin pareja, y otras que lo preferirían a seguir con la persona con la que ya se comprometieron… Ella todavía puede elegir y encontrar un buen partido.

No depende solo de ella. Que confíe, llegará cuando tenga que llegar. En todo caso, que no se quede pasiva a la vez que deseosa de que aparezca esa persona. No es un taxi en una parada con el letrero de *libre*. Que genere alternativas con creatividad para conocer personas adecuadas: nuevos ambientes, aficiones, etc. Que se mire desde el mañana, cuando aparezca después de tanta espera. Que no tenga que arrepentirse al valorar esta época como un tiempo perdido, en *stand-by*, en el que no se permitió disfrutar.

¿Podría tener el listón demasiado alto? Es algo que ha de pensar. No valen las comparaciones. Para verlo con claridad, quizá le ayude tener un mentor. Que ponga los medios sin perder su autenticidad, en primer lugar, por ella, pero también para favorecer que a la persona que aparezca le atraiga su Yo real. Que no tenga prisas de las malas. Nada de soluciones fáciles que no estén a su altura. Es más importante que urgente, y tiene que hacerlo bien: ha de ser la persona adecuada. No se trata de llenar un vacío sino de crecer como persona, sola o acompañada.

*Caso 4. **Estás a punto de separarte** por una crisis muy fuerte en el matrimonio. Tú quieres seguir apostando por la relación, pero él dice que ya está cansado de intentarlo, y no le ve salida.*

Independientemente de cómo termine todo, siempre podrás ser feliz. Incluso si acabas separándote, ese podría ser tu camino para conseguirlo. Tenías un proyecto y un mapa con un recorrido supuestamente claro. Ahora no sabes si te has confundido al escogerlo, o si sencillamente toca pararse y sacar la brújula...

Cuando te casaste no tenías garantizado el éxito. Que estéis así no significa que hayáis fracasado, sino la confirmación con el tiempo de que no era viable. Explora los pros y contras de las tres posibles situaciones futuras: que se rompa del todo, que sigas peleando con la incertidumbre a cuestas, y que recuperéis la relación. No cedas a las valoraciones ajenas negativas, piensa en ti y en los tuyos, es tu tesoro. No aflojes ante los miedos, vergüenzas y supuestos fracasos, y mira siempre hacia la salida del túnel, donde está la luz. Si te desanimas, combate esos pensamientos y emociones, considerando todo lo positivo de la relación hasta ahora, tus esfuerzos sinceros, lo que has crecido como persona. Considera también lo que él te ha aportado. Perdónate si hay cosas que podrías haber hecho mejor, o pide perdón. Es la verdad, te engrandece y facilitas una posible reconciliación.

No niegues la realidad ni mires para otro lado. Acepta la situación y piensa en qué medida lo que ha pasado y los medios que pueden ponerse dependen de ti. Si quieres pelear, adelante, dándole un sentido a ese sufrimiento y esfuerzo, pero mantén unas expectativas razonables.

Ya que es posible la ruptura, reflexiona sobre el valor de los lazos personales que conservas, y el tesoro de la lealtad y la fidelidad de los amigos y de la familia, y sigue cuidándolos. Quizá puedas agradecer a quienes te han ayudado en diversos ámbitos y momentos de tu vida, y/o ayudar a otros que lo necesiten; esto te facilita no entrar en pensamientos victimistas o melancólicos de quien se repliega sobre sí mismo.

Piensa en tanta gente que ha superado una situación así o una ruptura, y lo han llevado bien e incluso han salido fortalecidas. Hay infinitas historias con muy diversos finales. ¿Cómo quieres que sea el tuyo? Si al final rompéis o incluso si no encuentras ya a nadie, siempre podrás iniciar un nuevo proyecto personal que incluso supere al anterior y te haga más feliz de lo que habías programado.

No te aísles, aunque te parezca que así te defiendes. Es bueno que tengas amistades, familiares o alguna ayuda profesional para los momentos difíciles. Muchas veces bastará con su compañía y poder compartir tus emociones sin ser o sentirte juzgada. Tu empeño por salvar la relación, aunque no lo consigas, siempre lo puedes ver como positivo ya que peleas por lo tuyo, por tu proyecto de vida, por tu compromiso en primer lugar contigo misma. Por otro lado, ahora tampoco necesitas que la relación sea perfecta, como si no hubiera pasado nada. Sigue sembrando. No es preciso que todo el *jardín* esté igual de presentable. Quizá gracias a esos esfuerzos crezcas como persona y se fortalezca más la relación que si todo hubiera ido como la seda. Toda inversión en proyectos personales da siempre algún fruto.

Pon algo de sentido del humor si puedes, aunque solo sea para salir del paso en momentos negativos: *cosas peores se han visto, quien me iba a decir a mí, más vale sola que mal acompañada, él se lo pierde,* etc. Si él no pone los medios por cambiar y salvar la relación, te está confirmando que no tiene voluntad de proyecto común. Si termináis rompiendo, en verdad, no se pierde lo que ya estaba perdido.

Es una época dura, sin duda, pero la felicidad permanente no existe, ni tampoco caminos que merezcan la pena sin dificultades. Esta tormenta pasará, y volverá a salir el sol, y aunque no era lo que deseabas, quizá te ayude a florecer. Intenta verlo como un reto: las crisis están para superarlas, y aunque preferirías salir de ella de su mano, lo vas a conseguir con él o sin él. Siempre estás a tiempo de dar tu mejor versión.

Si quieres seguir apostando por la relación, piensa qué fortalezas empleaste en el pasado en otras situaciones de pérdida. Ajusta tus expectativas con realismo, y sé constante, sin hacerte daño. Mira hacia delante con pequeños avances, sobre todo para conservar lo que todavía pervive. Avanza sin prisas y sin idealizar, para evitar decepciones que minen tu ánimo. Te puede ayudar viajar varios años con la imaginación, superada ya la crisis, y pensar cómo te gustaría haberlo resuelto: renunciando a cosas poco importantes, apoyándote en personas cercanas cuya grandeza descubriste gracias a esto, siendo fiel a tus principios...

Haz planes de disfrute y de pasarlo bien en primer lugar con él, y si no, sin él. Estar más alegre te ayudará a pelear más y con más probabilidades de éxito. Piensa algún plan extraordinario para romper una posible rutina de desgaste. Mira si algunas de las tareas que ahora haces, profesionales o no, puedes vivirlas en *flow*, para acumular buenos momentos emocionalmente reparadores. Si el tiempo que quieres invertir en la relación te lo permite, ilusiónate con alguna actividad en la que puedas meter la cabeza y el corazón. A su vez, como necesitas todas tus energías, despréndete de compromisos prescindibles.

Da una salida positiva a tus emociones negativas. Busca y fomenta tiempos de paz y de relajación: lectura, paseos, meditar, etc. Reacciona como un resorte cuando las emociones te tiren para abajo por sentirte desgraciada, víctima de una injusticia, o te asalten remordimientos infundados. Si la situación no parece tener solución, puede ayudarte algún cambio en tu vida que te ilusione y sirva para pasar página: alguna pequeña reforma en casa, cambio de *look*... No resuelves nada, pero puede dulcificar tu proceso de duelo. No caigas en salidas falsas: activismo, mera dispersión, o búsqueda de otra relación que calme tu dolor, empujada por algo de venganza o victimismo. *¿A rey muerto, rey puesto?* Respeta y cuida tu proyecto personal. No pierdas tu autenticidad ni tu compromiso contigo misma. Por cierto, las salidas falsas se reconocen porque suelen ser más cómodas, no aportan estabilidad y te quedas fácilmente enganchada: pronto resultan insuficientes.

Caso 5. Te acaban de diagnosticar una enfermedad crónica limitante en plena madurez. *No tiene remedio, aunque, si pones de tu parte, la evolución será más lenta. No terminas de creerte que en un instante la vida te pueda cambiar tanto. Por momentos piensas que puede ser un error, un mal sueño.*

Se abre una nueva etapa de tu vida sin vuelta atrás, un antes y un después. En adelante, vivirás circunstancias diferentes. Antes tenías unos límites, ahora tienes otros. Antes pensabas que podías ser feliz con lo que tenías, ahora tienes que reconquistar ese convencimiento. Necesitas dar tu mejor versión en estas nuevas condiciones, y serás feliz con esa plenitud y los logros del camino.

Esfuérzate por elevar tu calidad de vida, y supera, hasta donde puedas, tus limitaciones. Asegura primero tus necesidades básicas. Entérate y solicita las ayudas que necesites, y a las que tienes derecho. Es muy importante que el día a día se te haga lo menos costoso posible, para pelear en las mejores condiciones.

Se te puede pasar por la cabeza que "por qué a ti", como algo incomprensible o injusto. No te compares. No suele aportar nada bueno, aunque si una comparación te estimula, adelante. Claro que hay gente con menos limitaciones, pero también con más, y lo que te va a ayudar es tu realidad, no la de los demás. Además, vas a comparar solo un aspecto de la vida de esa persona; para una valoración global te faltan muchos datos, quizá más importantes que los que tienes. Te vendrá bien ser agradecido, empezando por quienes te rozas a diario y ante pequeños detalles, pero debes agradecer también a quienes te han ayudado en el pasado: puedes escribirles o hacerles una visita. También puedes pensar y escribir al final de cada día las cosas positivas que te han pasado, y dar gracias.

Intenta relativizar o desdramatizar tu situación con sentido del humor. Por ejemplo, hacer un comentario de broma cuando alguien te plantee algo evidentemente imposible en tus circunstancias. Lo fundamental para ser feliz no es tener o no una capacidad. La clave está en tu interior: empieza por permitirte ser feliz *a pesar de* esa limitación. Para esto evita el victimismo y cualquier actitud de replegarte sobre ti mismo. Es una tendencia normal ante el sufrimiento, pero las personas nos hacemos con los demás, hacia fuera, y ahora lo necesitas especialmente.

Acepta tus limitaciones sin criticarte si no te ves capaz, si algo te supera, o si se te escapa una queja. Se autocompasivo. No contabas con esta situación, pero es algo que suele llegar tarde o temprano. No te focalices en la enfermedad ni en sus consecuencias, sino en los medios para estar mejor. Te sientes más vulnerable. En verdad, todos los somos, pero, ingenuamente no lo pensamos.

Ahora conoces mejor en qué consiste tu fragilidad, eres más consciente. Gracias a eso, podrás también afrontarlo con más realismo.

Comparte tus experiencias y emociones con tu entorno. Aprovecha los comentarios y consejos acertados, y fíjate en cómo otros afrontan situaciones similares. Si lo han conseguido, tú también. Estás ante un reto que te puede hacer crecer. Tu esfuerzo y sufrimiento tienen todo el sentido: continuar con tu proyecto de vida, aunque se haya visto en parte modificado. Cuídate, esta es ahora una parte importante de tu misión, y no solo para no empeorar, sino para mejorar tu calidad de vida. Piensa cómo te gustaría que los tuyos recordaran tu actitud en esta situación, para nadie agradable. Con tu ejemplo, no solo *para dar ejemplo*, puedes ayudar a muchos en sus limitaciones, y a que valoren la salud que tienen.

Márcate pequeñas metas asequibles, y piensa si necesitas ayuda profesional. Puedes tener un proyecto como mejorar un idioma, pero sin meterte presión; ve a tu ritmo, y disfruta del camino. Sé todo lo autónomo que puedas: te facilitará las cosas y te sentirás mejor. Pero si la necesitas, pide ayuda de manera sencilla y directa. Di lo que te pasa y haz lo que te dicen. Y si una puerta no se abre, llama a la siguiente. Siempre habrá alguien que te ayude y que se enriquezca como persona haciéndolo. Cultiva en lo posible tus relaciones personales, a la vez que te reservas tiempo y energías para ti.

Mejora tu estado emocional con emociones positivas. Distraerte no es evitar o negar los problemas, sino otro modo natural de andar el camino, como parar para refrescarse a mitad de una excursión. Piensa, sobre todo si has tenido que dejar tu trabajo u ocupación habitual, alguna actividad compatible con tus limitaciones que sea sostenible y te llene. Para eso ten en cuenta tus gustos y habilidades, algo que se te dé bien. Si supone además un beneficio para otros, todavía mejor. Repasa para esto tus habilidades, y aplícalas. Piensa cómo te enfrentaste en el pasado a otras limitaciones, y repite la estrategia. Quizá puedes hacer alguna actividad creativa. La experiencia de dar vida, de crear belleza, es muy satisfactoria, y más en estas situaciones en que la visión negativa de las limitaciones parece sugerir lo contrario. Si puedes vivirla en *flow*, genial.

Si la evolución de la enfermedad es incierta, esfuérzate por vivir en el presente. No retrases planes que te puedan llenar, empezando por los que te costarán más en el futuro. Ante esa incertidumbre, ajusta y adapta tus metas sobre la marcha, con flexibilidad. La enfermedad te limita, pero no lo hagas tú. Además, no sabrás de lo que eres capaz hasta que no lo intentes. Si tus limitaciones son fluctuantes, programa actividades para los buenos momentos.

Caso 6. Tu situación es terminal y ya no cabe hacer nada desde el punto de vista médico. *No saben el tiempo de vida que te queda. Se trata de estar lo mejor posible, y sin emplear medios que te aportarían muy poco tiempo a costa de una peor calidad de vida.*

Estás viviendo una situación muy especial y única, por lo que cualquier pensamiento y emoción que tengas, de entrada, has de considerarla como normal. Permítete expresarlas. Eres una persona normal en una situación muy especial. La muerte no es mala en sí, es el final, pero tu felicidad dependerá de cómo la interpretes y la vivas.

Piensa cómo te gustaría que te recordaran, también en esta última fase de tu vida, y úsalo como guía para reconducir tus conductas y emociones. Recuerda personas cercanas que has acompañado en situaciones similares y que te han parecido ejemplares. Aunque seas diferente, siempre son pistas de algo que en verdad es muy personal, pero a la vez universal.

Como ya sabes que tu situación es terminal, trabaja la aceptación. Te ayudará recordar otras situaciones de la vida en las que aceptaste positivamente algo que te venía dado.

Es especialmente importante que estés atento a las sensaciones de rabia, miedo, tristeza, impotencia o soledad, y que las compartas. Es normal que vengan, pero si las compartes, irán perdiendo fuerza. A veces solo hay que dejarlas pasar, y otras apoyarte en un argumento positivo, sencillo pero sólido, para salir del apuro. Esfuérzate por no encerrarte en ti mismo, ni tirar la toalla. Interésate por las personas de tu entorno, y que solo te importe lo importante. Es posible que tengas una imagen idealizada o tengas *demasiado claro* cómo *se supone* que hay que vivir esta situación, y eso te complique un poco. Con más razón, sé autocompasivo... y expresa.

Todo agradecimiento es sanador. Es un regalo que te haces al considerar lo mucho de positivo que hay y ha habido en tu vida, unas con tu esfuerzo, por supuesto, pero otras como un auténtico regalo. Recuerda con los tuyos momentos de la vida de mayor plenitud y alegría, también de esas situaciones que siempre te han hecho reír. Quizá provoques en ti o en los demás algunas lágrimas sanadoras. Si puedes, aplica el sentido del humor con algún comentario irónico o alguna paradoja para descargarte de tensión a ti y a los tuyos. Agradece los detalles que tengan contigo, y muéstrate, también a solas, agradecido.

Algunas emociones surgen por situaciones que te gustaría dejar resueltas: una conversación que terminó mal o a medias, reconciliarte con alguien, saldar una deuda personal… Piensa si puedes dar algún paso en esa dirección. Lo normal es que al final de la vida haya objetivos que no has podido lograr o que no han salido como te hubiera gustado, o cuestiones de las que te arrepientes. Esta situación aun siendo real, no debe borrar lo positivo. Si te viene a la memoria algo negativo recuérdalo de forma más abstracta, como de ordinaria administración, y en cambio detalla y dale un tono especial a los recuerdos positivos.

Estás ante un reto único en la vida porque, aunque estés muy acompañado, siempre morimos *solos*. Pero puedes hacerlo con entereza y paz. Te puede ayudar verlo como un nuevo compromiso contigo y los tuyos, un último regalo: morir bien. Ilusiónate con terminar bien tu vida. A todos nos llega este momento, tú tienes la suerte de poder prepararte lo mejor posible. Por ejemplo, piensa qué quieres aportar a los tuyos, qué mensajes. No se trata de ser o hacer algo especial u original, sino auténtico. Esto contribuirá además al sentido que quieres darle a esta adversidad. También ahora puedes dar tu mejor versión, puedes florecer pese a tus limitaciones. Márcate pequeñas metas que se puedan cumplir sin tener que esperar a que pase mucho tiempo para disfrutarlas.

Conserva en lo posible la autonomía en tus decisiones y en tu día a día, aunque vayas más despacio. Es normal que no quieras dar la lata, pero pide todo lo que necesites para estar lo más cómodo posible y, de paso, tener tiempo y paz para tu proceso interior personal. No ocultes tu vulnerabilidad. La idea es llevarlo lo mejor posible y ayudar a los tuyos también, pero por ese orden. Delega todas las gestiones y decisiones que puedas, sobre todo las que más te incomodan.

Piensa qué planes quieres hacer y dilo con sencillez, aunque te parezca que es un lío para los demás, que es desproporcionado, que puede no entenderse bien. No desaproveches la posibilidad de algún capricho que te haga disfrutar un rato y sentirte querido. Piensa planes para los días que te encuentres mejor. Quizá actividades que siempre te motivaron, sobre todo de esas que su sola práctica ya supone un disfrute: lectura, manualidades, música, etc. Cuida tu relación con aquellas personas más positivas o que te transmiten más paz, o con quienes el trato te resulta más natural.

III.
EL OPTIMISMO: EL COLOR
DEL CRISTAL CON QUE SE MIRA

HAY MUCHOS MODOS de afrontar la vida. Pero para no caer en el tópico de que hay tantos modos como personas, diremos que hay fundamentalmente dos: con optimismo o con pesimismo. Con gafas verdes o negras. ¿Cómo te enfrentas tú? Supongo que habrás dicho que con optimismo, como la mayoría. Más allá de que los estudios lo corroboran, todos intuimos que ser optimista hace la vida más llevadera, duermes mejor, facilita el trato con los demás y la adaptación a ambientes y situaciones adversas, mejora las defensas... En fin, una de esas vitaminas que querríamos tener en abundancia. Decir de alguien que rebosa optimismo suena a envidia sana. Sin embargo, quizá estés pensando que hay una tercera vía que compite con el optimismo: el realismo. Sería como unas gafas de cristal transparente, o mejor, sin cristal. Y ahora es cuando empieza el pulso entre si es más realista ser optimista que pesimista —quién se lleva el gato al agua—, o si cabe el realismo sin contaminación, y quién tiene derecho a adjudicarse ese título de poseedor de la verdad. Para Bernanos, el optimismo y el pesimismo son las *dos caras de una misma mentira*.

El optimismo es la actitud o tendencia a ver y valorar todo del modo más favorable, del mejor modo posible, del óptimo. Esa visión enfoca o destaca lo que es de por sí positivo, y tiende a buscarle una salida airosa a lo negativo-dificultoso. O sencillamente relega lo negativo, porque lo positivo lo merece. El optimista se fija en la rosa y no en las espinas.

No vamos a detenernos a analizar los motivos de la pandemia de pesimismo que se expande por Occidente. Se han propuesto algunas claves: una cierta deshumanización propia de la globalización, la descapitalización de las relaciones humanas en manos de las redes sociales, el aumento o mayor conocimiento de las guerras y conflictos internacionales, la incertidumbre ante la crisis de autoridad de las instituciones, la pérdida del sentido de la trascendencia, el olvido de valores tradicionales entendidos como pérdida del patrimonio... Lo cierto es que esa visión pesimista se ha traducido para muchos en una auténtica futurofobia. Los propios *millennials* tienen como una de sus señas de identidad el miedo ante un futuro sin expectativas, en el que todo va cada vez más rápido hacia ningún lugar. Hay quienes lo ven también como una secuela poco vistosa, pero corrosiva, de la pandemia, por la percepción de inseguridad, de incertidumbre y de cercanía de la muerte.

En todo caso, siempre ha habido pesimistas. Para estas personas ser realista se aproxima más a su visión, e incluso lo recomiendan como estrategia para defenderse mejor de posibles peligros futuros. Algunos sostienen que, en la evolución, el pesimismo nos ha permitido salvar la especie, mientras que el optimismo sería sospechoso de ingenuidad o inmadurez. Parece lógico, desde esta visión pesimista, el recurso a vivir —o mejor, a exprimir— el presente y buscar escapes. Ambos, sin embargo, sabemos que son caminos de ida y vuelta que acaban sembrando más y más pesimismo.

Entonces, ¿es bueno o es malo ser optimista? Aunque parece que la respuesta correcta es la primera, me gustaría hacer un par de comentarios.

El primero es que yo distinguiría el *optimismo por* del *optimismo para*. A veces se dice de alguien que es optimista *por naturaleza*, que lo trae de fábrica; yo no me lo creo. Sí pienso que se puede aprender e interiorizar desde niño, que entra por ósmosis del ambiente que uno vive en casa, porque lo ve hecho vida en su familia o entorno, y quizá especialmente, porque después aprendió que hay motivos para serlo. El optimismo se alimenta de saber valorar lo positivo de la vida, tener expectativas realistas, dar más de lo que se espera recibir, dar importancia a lo importante y relativizar lo demás, tener paciencia, vivir el presente sin agotarlo ni agotarse…, y si tiene la suerte de tener fe, de ver la mano de Dios, de un Dios-amor-infinito, detrás de todo. En cambio, otros más cercanos a la psicología positiva y al estoicismo, entienden el optimismo sobre todo como un *para*. Este tipo de optimismo tiene algo de verdad, pero no aporta fundamento, sino soluciones concretas para situaciones determinadas, y no siempre… Soy optimista para llevarlo mejor y no *rayarme*, para animarme a poner los medios y ser más eficiente, etc.

El segundo comentario es a propósito del *optimismo inteligente*, llamado así por ser realista frente a un optimismo ingenuo o iluso, ese que se esfuma como por encanto ante el verdadero sufrimiento. Los que practican este último son *optimalistas*, porque sitúan la supuesta positividad por encima incluso de la realidad: es un *ismo*, una desproporción. Son como ese amigo, *amigote*, simpático, bromista, con quien gusta estar para pasarlo bien o te reconforta en los malos momentos, aunque no te resuelve nada..., y lo sabes. El optimismo inteligente mira la realidad con la confianza *razonable* de que puede ser mejorable. No la niega, la acepta a la vez que la afronta positivamente. Y como cree que la situación puede mejorar, elige el modo de contribuir para que esto ocurra: tiene una actitud activa. Empiezas por pensar que puede mejorar, pasas a confiar en que va a ocurrir, desarrollas comportamientos en esa dirección, y terminas generando oportunidades de mejora. Se puede, por tanto, practicar y aprender.

El optimismo no es una emoción, sino una actitud. Aunque se dice que una persona es optimista ante una determinada cuestión, aquí nos interesa más el que *es* optimista. De hecho, puedo serlo y estar triste o sufrir con una situación. La visión positiva de los estoicos que algunos califican de optimismo absoluto derivaba de su confianza ciega en un orden universal. Es el mejor de los posibles, porque no hay otro. Pero ¿y si no terminas de aceptar el plan de los dioses, o si la virtud se te hace costosa, o el resultado tampoco te convence? ¿No es fácil caer entonces en un pesimismo absoluto? La psicología positiva aplica la positividad a estilos de afrontamiento que te hacen crecer y acumular emociones positivas que contrapesen la negatividad actual, y disfrutar del camino. Pero ¿y si no lo estoy consiguiendo por ser un problema grave, o si el malestar es tan profundo que no consigo tener momentos buenos, o si la preocupación o la tensión no me dejan estar en *flow*?

Todos tenemos una cierta necesidad de ilusionarnos con cosas, pero no podemos vivir de ilusiones ni confundir una actitud positiva con las denominadas *ilusiones positivas*. Cuando el refrán dice que de *ilusión también se vive*, nos está previniendo de su falsedad y de que más pronto que tarde esa persona será consciente de su error de apreciación: *pan* —o ni eso— *para hoy, y hambre para mañana*. Las ilusiones positivas son una distorsión de nuestra percepción que nos dan la falsa seguridad de que todo está bajo control. Estos autoengaños hacen que minimicemos peligrosamente la importancia de lo que ha salido mal, o que solo nos fijemos en lo que sí va bien, o caigamos en el conocido *mal de muchos*, o evitemos a propósito todo lo que pone a prueba esa supuesta positividad *no vaya a ser que...* En fin, esas que en cuanto asoman los cuernos por los toriles se dan a la fuga o, peor aún, terminan en un revolcón debido a sus cortas patas.

El optimismo lo podemos aplicar a tres niveles. En primer lugar, *sobre uno mismo*. La persona optimista se valora bien, aunque quizá la mejor autoestima es la de quien no se para a valorarse. Se basa en que toda persona es digna y valiosa por el hecho de ser persona. Con cualidades que es bueno reconocer, y defectos que es bueno querer mejorar. Digo que es bueno porque si tengo una sana autoestima querré ser mejor persona, e intentaré mejorar. La sana autoestima no se basa en los resultados. De nuevo la clave está en el *por qué*. La persona con adecuada autoestima, cuando observa en otros unas cualidades o resultados que ella no tiene, se plantea: *si ellos pueden conseguirlo, yo quizá también pueda*; y no tiene la reacción de pensar con cierta pelusilla: *¿por qué ellos sí, y yo no?* Así pues, la sana autoestima tiene mucho de autoaceptación, pero también de deseos de mejora. No sé si seré capaz, pero lo quiero intentar. El optimista es una persona con deseos, con proyectos, no un conformista.

En segundo lugar, optimismo *sobre los demás*. No se sabe de lo que una persona es capaz hasta que no se pone a ello, hasta que no lo intenta, tema central en toda educación. Es bueno esperar más de lo que la persona cree que puede conseguir, sin agobiar ni generar expectativas inalcanzables, a la vez que se reconocen los esfuerzos, y los éxitos cuando son fruto de ellos. Qué lógico es que unos padres deseen que sus hijos lleguen más lejos que ellos, a la vez que han de aceptar la decisión que tomen sobre su vida. Como dice Chesterton, *el optimista es el que cree en los demás, el pesimista es el que cree en sí mismo*. Esto le facilita al optimista ser buen compañero de trabajo y de aficiones, buen vecino y ciudadano, mientras que el pesimista tiende al egocentrismo.

116

Y, por último, *sobre el futuro*. Esta perspectiva permite ante las adversidades, los malos resultados, los desafíos y retos de la vida, las crisis, tener una visión positiva que ayuda no solo a sobrevivir, sino a llevarla y resolverla lo mejor posible. El optimista tiene más de hormiguita que acumula con esfuerzo porque confía en que tendrá suficiente para el invierno, que de cigarra que exprime el presente y confía que nunca faltará comida. Cuánto ayuda aprender de los errores, tener el espíritu deportivo de recomenzar las veces que haga falta, y entender esas épocas en las que el muelle se encoge como un momento para coger fuerzas de cara a una futura expansión.

A veces empleamos la expresión *nunca se sabe*, ante situaciones con un margen de incertidumbre. Es un cheque en blanco que puede dar como resultado una cifra millonaria a ingresar, pero que, si alguien te lo roba con tu firma, te arruina para siempre. El optimista se abraza al *nunca se sabe* ante la incertidumbre, pero ha de saber que es un optimismo tranquilizador, pero no inteligente. Hay verdad en esa idea, pero tiene que ser consciente del riesgo que asume.

¿Cuáles son las características de una persona optimista?

Uno de los rasgos del optimista es que suele tener y transmitir paz y serenidad. Es más fácil que conserve la alegría gracias a su visión positiva del presente y del

117

futuro. No vive con miedo, o mejor aún, solo con el imprescindible.

Es confiado, que no es lo mismo que confiarse. En este sentido, el buen optimista no es pasivo, sino que su actitud confiada le impulsa precisamente a la acción, a moverse. Probablemente sea alguien que experimentó de niño la confianza básica de un buen apego a sus padres: quien se abandonó de niño en los brazos de sus padres, de adulto, se abandonará sin miedo a la felicidad.

Gracias a esa confianza se permite explorar, abandonar temporalmente la seguridad de la guarida, salir de su zona de confort, aventurarse e investigar. Nadie negaría desde luego que, entre otras virtudes y cualidades, Colón, Shackelton o Scott fueron unos redomados optimistas.

Es alguien que, dentro del realismo, interpreta los malos resultados desde una visión positiva. Esta perspectiva le permite aprender a prevenir posibles males futuros; a darle valor a su esfuerzo también cuando ha sido aparentemente infructuoso; o a percibir, cuando los hay, unos beneficios colaterales si el resultado final no ha sido el deseado. El optimista es alguien que se suma al conocido *no hay mal que por bien no venga*, y ve, como Churchill, *una oportunidad en cada calamidad; mientras que el pesimista ve una calamidad en cada oportunidad.*

El optimista ve las dificultades y limitaciones como realidades propias del camino, y entiende que las sombras dan un contraste necesario. No sabe si una dificultad concreta será un problema, pero sería peor creer ingenuamente que puede no haberlas, o calificarlas de injusticia cuando aparecen. Piensa, como canta Nino Bravo, que *la alambrada solo es un trozo de metal.* Las reglas no están para saltárselas, pero los obstáculos, sí.

El optimista se da cuenta y valora que la diferencia que hay entre nada y algo es enorme. Es alguien que se sonríe escuchando la renombrada Ley de Pareto de que con solo el 20 % del esfuerzo se consigue un 80 % del rendimiento, porque lleva toda su vida experimentándolo. Está convencido de que empezar es lo más importante, y no solo para rascarse o comer pistachos. Ante una situación difícil, en vez de rendirse y bajar los brazos, se pregunta ¿qué puedo hacer *yo*? No se queda viendo los toros desde la barrera. ¡Sal y haz algo! Te sorprenderías de cuántas veces solo esa actitud y tus medios disponibles son suficientes para resolver algo que te parecía imposible. Para esto es fundamental tener la grandeza de valorar lo poco, lo sencillo, y ver en una semilla de escasos milímetros una futura sequoia de más de cien metros de altura.

Otra característica propia del optimismo sano es valorar lo mucho de bueno que hay en la vida. Que hay mucha gente buena, y que todo el mundo tiene un núcleo de bondad, aunque a veces esté muy oculto. Alguien que se da cuenta de que, aunque lo malo hace más ruido, la melodía del bien siempre suena de fondo, y basta sintonizar la longitud de onda adecuada. Como cantaban Lole y Manuel, *de lo que pasa en el mundo, por Dios que no entiendo na. El cardo siempre gritando, y la flor siempre callá.*

¿Y QUÉ PODRÍAMOS DECIR DEL PESIMISTA?

El pesimista, al contrario, lo ve todo oscuro. Es un cenizo, alguien que te quita las fuerzas si lo tienes de compañero de viaje, como esos *dementores* de Harry Potter, o los *hombres grises* de Momo, que te absorben las energías, el calor, el tiempo… el alma, que te des-animan y des-corazonan. Personas que han perdido el corazón, el sentido de su vida.

Hay tres grandes *tribus* de pesimistas. Por una parte, están los que se toman la vida demasiado en serio, hiperresponsables, perfeccionistas, cumplidores, que están en todo, y que mantienen el sónar permanentemente encendido para detectar lo que no va. Que ven la vida como un camino arduo, una gincana interminable de cosas que hay que hacer. Un Sísifo condenado a subir eternamente la piedra hasta la cima. Toda la vida resolviendo problemas. Estas personas son lógicamente pesimistas y frías, como un sepulturero descreído. Son de la cofradía del *qué me vas a contar a mí*, o *que no te engañen*. Que nos gritan desde su atalaya que abandonemos toda esperanza, cabizbajos, mientras se arañan la cara. Esos que se empeñan en que te tragues la vida como negativa tapándote la nariz porque *esto es lo que hay*. ¡Ah! y no te lamentes, que aún podría ser peor… Por otro lado, tenemos a los temerosos, los que se ponen en lo peor por su miedo e inseguridad al desastre, o a sufrir. Están igualmente convencidos de que todo va a ir mal, de que están en la razón, pero esta vez querrán convencerte desde el temor, desde su escondite, y no desde la cátedra. Por último, tenemos al que accede al pesimismo como consecuencia de su baja autoestima. El máximo representante para los *boomers* es Calimero, ese personaje de animación que siempre estaba lamentándose y entendiendo, desde su posición inferior que *lo peor está todavía por llegar*. No en vano, la tendencia al victimismo es un recurso propio del pesimista.

El pesimismo es uno de los socios fundadores del *mito del fracaso*, pues te hacen valorar como tal algo que ha salido mal como si fuera culpa tuya. El pesimista necesita creer que siempre hay una causa, un gen, un sospechoso... y ten cuidado, porque te está mirando fijamente...

El pesimista da por perdido el partido antes de salir de casa, está *envejecido*, con la perspectiva negativa de quien se ha quedado enganchado muchas veces en las zarzas de sus experiencias. Es una persona a la que la sensación del sol en la espalda lejos de calentarle y no deslumbrarle, le proyecta una sombra alargada ante sus ojos. Alguien que llevaba a Antonio Machado, en labios de Juan de Mairena, a rebelarse y decir: *Nunca os aconsejaré el escepticismo cansino y melancólico de quienes piensan estar de vuelta de todo. Es la posición más falsa y más ingenuamente dogmática que puede adoptarse. Ya es mucho que vayamos a alguna parte. Estar de vuelta, ¡ni soñarlo!*

Hay un enemigo pequeño pero mortal cuando se apodera de alguien, y que tiene una gran habilidad para disfrazarse, para mimetizarse y seguir actuando en la sombra. Es tan sutil que ha conseguido engañar incluso a los grandes gurús del *management*, a los libros de autoayuda, e incluso a los organizadores de las charlas TED: la pereza. Y uno de los damnificados es el pesimista. Detrás del pesimismo muchas veces se esconde la pereza, y lo que es peor, la pasividad que alimenta la pereza y que contribuye de manera eficaz a aumentarla porque no resuelve el problema y, además, empequeñece a la persona.

Algunos son pesimistas porque tienden a atribuir todo lo que pasa a una causa interna, a algo propio de ellos y, por tanto, duradero. En cambio, el optimista le da más importancia a las circunstancias y causas externas, en principio, más concretas y pasajeras. Como recoge Jordan Peterson en una de sus *12 reglas para vivir*: *Si siempre te salen las peores cartas, a lo mejor es que alguien está haciendo trampas —quizá tú, sin saberlo—. Si la voz interior cuestiona el valor de tus esfuerzos —o de tu vida, o de la propia vida—, quizá tendrías que dejar de escucharla.*

¿Qué puedes hacer para ser más optimista?

Ya vimos que nadie es optimista por naturaleza, salvo que haya adquirido una especie de segunda naturaleza, pero de eso hablaremos en el siguiente capítulo. Nadie nace optimista, y esto nos trae una mala noticia y una buena. Como buen optimista voy a empezar por la mala, para terminar *in bellezza*, como dicen en Italia, a lo grande. La mala noticia es que eres limitado, todos lo somos, y la vida también. La buena es que puedes mejorar. Siempre puedes tener una visión, una actitud más positiva ante la vida. Esto lo puedes conseguir con algunas estrategias o modos distintos de ver las cosas, aunque lo que más te ayudaría sería un cambio de fondo, realmente transformador, de tu situación ante la vida, de tu posición en el tablero.

Vamos a ver algunos modos de crecer en optimismo al alcance de cualquier bolsillo:

- Sé más agradecido. Cuando lo haces, estás dando valor a las cosas, a las personas y a la vida. Empieza por valorar y agradecer lo pequeño, también lo que das por hecho o por normal. Agradecer es entender la vida como un regalo, y eso siempre genera ilusión. *A caballo regalado, no le mires el diente.*

- La contemplación es otra fuente de optimismo. De nuevo la realidad viene en nuestra ayuda, pero en este caso observada con ojos de contemplación. Aprecia la belleza de la naturaleza, las personas, el arte... Frente al negativismo de lo efímero, del brillo superfluo y del humo silencioso tras los fuegos artificiales, está la belleza permanente de las estrellas. Si con la contemplación das valor de permanencia a lo pequeño, permanecerá.

- También ganarás en optimismo del bueno si puntualizas. Para poder resolver un problema necesitamos realismo, datos. Si no lo haces, es muy fácil que caigas en el desaliento de pensar que todo va mal, al no localizar la herida. La sangre es muy aparatosa. Para saber en una operación por dónde pierde sangre el paciente hay que limpiar y aspirar la zona, que se vea bien. Al puntualizar detectarás igualmente lo que va bien o muy bien, y eso también te ayudará a salir del pesimismo.

- En esa misma línea interesa mucho priorizar, y para eso tienes que pararte a decidir el orden de importancia, la jerarquía de lo que está en juego. En muchas ocasiones, te permitirá considerar la verdadera dimensión de una pérdida o adversidad. En último término, habrá aspectos de orden superior que te ayuden a proporcionar la realidad negativa. Por eso, amplía el foco para dimensionar mejor lo que está ocurriendo, y, llegado el caso, resuélvelo por elevación, en un plano superior.

- Un modo muy práctico y concreto, quizá más propio del *optimismo-para*, es emplear palabras emocionalmente positivas para describir la realidad con ese tono. Según algunos autores, el cerebro tiende al pesimismo para estar en alerta y así protegerse y sobrevivir. *Piensa mal y acertarás.* Tienes que compensar esa tendencia, pues la vida no es tu enemigo, y en cambio, pensar en positivo te estimulará a pelear y crecer. Donde alguien ve un problema, tú has de ver un reto, un desafío, una oportunidad.
- Otra fuente de optimismo es la humildad. Siempre recordaré —pedagogía de la buena— cuando D. Manuel nos repetía en clases de Matemáticas que *un zapato elevado a 0 es 1* para dejarnos patente que cualquier cifra elevada a 0 tenía ese valor. Pues eso, pensaba, es la humildad. Quizá, en esta sociedad que huye de sus propios miedos, este ejemplo no guste, por no entender bien eso de *elevado a 0*. Así que vamos a quedarnos mejor con santa Teresa de Ávila y su definición de la humildad como *andar en verdad*. Si quieres ganar en humildad y, por tanto, en optimismo, acepta la verdad, la realidad. No ganarás en ella haciendo cosas raras ni encogiéndote, sino llamando a las cosas por su nombre, *al pan, pan, y al vino, vino.* Reconocer que te has equivocado o no has estado a la altura puede ser tu mejor salvavidas. La principal enseñanza cuando uno *mete la pata* en algo es que puede volver a ocurrirle, así que habrá que aprender, pedir ayuda, esforzarse más. Si antes hablamos de la tendencia al victimismo de algunos pesimistas, la humildad es un antídoto especial para estos casos. En todo caso, ese 1 resultante de

elevar cualquier cifra a 0 no es *uno más*, soy Yo, mi Yo único e irrepetible.

- Otra estrategia para ganar en optimismo es evitar esos recalentamientos ante un problema, que animan a tirar la toalla. Esas situaciones en que entras en bucle, dando vueltas a la rotonda sin decidirte a salir de ella, por una mezcla de inseguridad y de visión dramática de lo que ocurre. Son momentos en los que has de tener un mínimo de frialdad para abandonar la rotonda en la primera salida, parar en la cuneta y encender el navegador. Situaciones en las que hay que tomar alguna decisión para tomar tierra y recomenzar, con la firmeza con la que Gregorio Marañón nos decía que, *si la pena no muere, se la mata.*

- Algunos manuales de autoayuda sugieren, ante un evento adverso, rellenar una columna con los aspectos positivos y otra con los negativos. Después hay que destacar cuáles pueden ser un beneficio a corto plazo, y por lo tanto con menos riesgo de que se tuerza, y cuáles pueden ser directamente beneficiosos. Hacer un análisis de debilidades, amenazas, fortalezas y oportunidades —DAFO—, también permite tener una visión más optimista y realista a la vez.

- Por último, un consejo muy sencillo de dar, pero difícil de conseguir: rodéate de personas optimistas y déjate contagiar. Después, permite que la vida te confirme el beneficio que supone.

Después de profundizar en el optimismo, parece evidente que ayuda mucho tener esta actitud ante la vida. Te permite participar de la felicidad de la que venimos hablando desde el principio, y te facilita dar tu mejor versión sin dejar de tener los pies sobre la tierra. Pero ¿qué pasa cuando lo que te ocurre es un mal objetivo en sí mismo? ¿Y qué, si ese daño vino para quedarse y te supone una gran pérdida? Es decir, ¿cómo ser optimista cuando no consigues encontrar un resquicio positivo ni en el presente ni en el futuro, ni en ti ni en los demás?

Posiblemente estés ante una de esas situaciones en que solo queda esperar. Dicen que la esperanza es lo último que se pierde. ¿Y la esperanza se puede practicar? ¿Es una actitud o una virtud que crece con el esfuerzo? Hay quienes piensan que la esperanza como virtud solo puede ser espiritual, y que, si no, no es virtud, sino optimismo en que todo irá bien.

Se supone que, si el *techo* es el optimismo, hay situaciones de la vida que solo podremos encajar por la vía de la aceptación. En estos casos, ¿es comprensible que, superado ese techo, la persona pierda el sentido de su vida, o recurra a válvulas de escape que, aunque no resuelvan el problema, sí le ayuden a sobrellevarlo, como un analgésico o un narcótico? En el próximo capítulo veremos qué nos puede aportar la esperanza, y en qué situaciones.

¿CÓMO AFRONTARÍA UN OPTIMISTA ALGUNAS DIFICULTADES DE LA VIDA?

Caso 1. Acabo de suspender unas oposiciones *después de muchos años de preparación, sacrificios y renuncias. Estoy cansado y dolido, y además me encuentro ante una encrucijada: abandonar o volver a presentarme con todo lo que eso supone.*

126

Ser optimista te va a ayudar, pero ha de ser un optimismo realista, inteligente, no basta que calmes tu dolor, tapes la herida o mires para otro lado... El suspenso intentará tirarte abajo para que pienses que lo podías haber hecho mejor, que habías merecido más o que deberías tirar la toalla.

La mayoría de las personas tampoco sacan las oposiciones a la primera. Es normal. Lo valioso, cuesta. Nadie sabe cuánto esfuerzo va a suponer algo, pero si lo quieres y te interesa, te merece la pena volver a intentarlo. Esta vez es más probable que la saques. Por otra parte, más allá de méritos y cálculos, hay un factor sorpresa que no controlas y que esta vez podría jugar a tu favor. Quién sabe. Pero para que te toque tienes que comprar una papeleta.

Si es razonable que te vuelvas a presentar, y otros han podido, tú, ¿por qué no? Empieza a concretar qué más puedes hacer en esta nueva oportunidad que te brinda la vida y que, por cierto, otros no tienen. Todo lo que añadas o hayas aprendido te pone en mejor situación. Ya has demostrado que eres capaz de superar una altura de listón. Nadie sabe hasta dónde puede llegar hasta que no lo intenta.

Habla con personas con una visión realista y optimista a la vez, positivas, que sirvan de espejo donde mirarte. En esta línea, usa palabras positivas en tus autoevaluaciones, que describan la realidad desde una perspectiva favorable.

Piensa que puedes conseguirlo y empieza a visualizar mentalmente cómo lo logras. Eso te sugerirá nuevos comportamientos quizás, además de los que quieres mantener del pasado: concrétalos. En lo que quieras mejorar es importante que puntualices, y que los ordenes de más a menos relevante. Empezar a conseguir objetivos con metas asequibles te realimentará el optimismo en que esta vez, sí.

Si no tienes claro que podías haber hecho mucho más, quédate tranquilo y mira hacia delante. Si, en cambio, reconoces aspectos claramente mejorables, aprende de ellos y seguro que mejorarás el resultado. Esos aprendizajes también los podrás aplicar en el futuro en otros ámbitos de tu vida. Piensa además en posibles *beneficios colaterales* de ese periodo de tu vida: valóralos y agradécelos.

Esfuérzate por salir de los bucles de pensamientos negativos. Huye del victimismo y sé humilde para reconocer que todos podemos suspender, y que el fracaso sería no intentarlo. No has conseguido la plaza, pero tú no estás suspendido. Tras este suspenso no eres peor, al revés, tu esfuerzo te ha hecho crecer, ser mejor persona. Vence el miedo y recomienza.

Quizá puedas explorar nuevas estrategias. Y si ahora no se te ocurren, pregunta, y si tampoco aparecen, empieza. Quizá al hacer el camino se te vayan ocurriendo. Pero no esperes, ponte en marcha. Solo esto, ya es mucho.

Caso 2. Acabo de perder el empleo *y estoy triste y preocupado. Mi desempeño era bueno y estaba contento con ese trabajo, pero por circunstancias ajenas a mí y a mi rendimiento me han despedido.*

Perder el puesto de trabajo es una desgracia, pero no todo lo que rodea este hecho ha de ser negativo; quién sabe, quizá traiga cosas mejores de las que se ha llevado. Desde luego es una pérdida que has de aceptar con realismo. Si eres optimista, no solo llevarás mejor esta época de tu vida entre un trabajo y otro, sino que pondrás más medios y será más fácil que consigas uno nuevo.

Actualmente es muy frecuente cambiar de trabajo, no debería estigmatizarte, y nos dice más sobre cómo está el mercado laboral, que sobre cómo eres. No te juzgues negativamente, ni te quedes en el lamento, ni te líes buscando unos porqués más allá de lo que puedas reconocer claramente, en frío. El mercado laboral fluye, y tú estás en esa corriente. Hasta que aparezca el nuevo trabajo es fácil que el paso de los días se te haga largo, y temas que cada vez sea más difícil, pero un trabajo surge de un día para otro. Ya tuviste el anterior, y ahora estás en mejores condiciones —más experiencia, currículum y conocimientos— para encontrar otro, aunque sea en otro sector. Con frecuencia se encuentra un trabajo mejor que el que uno tenía y añoraba. Quizá puedas hasta elegir entre dos o más, nunca se sabe. Muchas veces los conocimientos son transversales y te abren puertas con las que no contabas. Como acabas de perder el empleo y estás activo, es un punto a favor para recomenzar.

Haz un análisis con una columna positiva y otra negativa de lo que ha supuesto perder ese trabajo, e intenta incidir y concretar más las positivas —distancia, ambiente, guardias, etc.— sin faltar a la realidad. No todo es pérdida. Valora y agradece todo lo que te ha aportado el trabajo anterior y el esfuerzo que pusiste, aunque otros no te lo hayan sabido reconocer.

Si perdiste el empleo claramente por un error o algo que podías haber hecho mejor, aprende y saldrás enriquecido. Acepta que eres humano y sé práctico. Te ha costado caro pero estas lecciones no se olvidan nunca, y no tienen precio si terminan bien. A lo mejor este parón te permite formarte mejor y sales fortalecido, como cuando se suelta un muelle tras contraerlo. Quizá te habías acomodado y por eso perdiste el empleo... O no, pero desde luego estás ante una oportunidad de crecer, de abandonar tu zona de confort y explorar nuevas capacidades, a la vez que te conoces mejor.

Busca un trabajo y busca bien, con constancia y pidiendo ayuda. Suele dar fruto. Empezar ya es la mejor garantía de que lo vas a encontrar. Y confía en un posible golpe de suerte o una coincidencia de esas que hay en la vida, frente a una realidad que se puede mostrar tozuda. Si pasas por algún momento de crisis, de desánimo, recurre a personas positivas, optimistas, a la vez que realistas. Piensa también si quizá estás cansado y por eso eres más negativo... y descansa.

En todo caso, la realidad es la que es. Haz lo que está en tu mano para conseguir otro trabajo cuanto antes, sabiendo que el que la sigue la consigue, y recuerda que, aunque la espera parezca confirmar lo contrario, el día menos pensado saltará la liebre.

Caso 3. Pasan los años y tu mejor amiga no consigue tener una pareja estable. *Ella siempre soñó con casarse y formar una familia. Al principio bromeabais sobre su exigencia con los chicos, pero, conforme pasa el tiempo, os cuesta más sacar el tema. Aunque sabes que no depende de ti, te gustaría ayudarle.*

Dile a tu amiga que cada vez es más frecuente tardar en encontrar a la persona adecuada. No es culpa suya.

Sencillamente, todavía no ha aparecido el afortunado con quien compartir su tesoro, pero seguro que aparecerá. El problema no es del tesoro. Es como un sorteo en el que aún no ha salido el número ganador.

Puede ayudarle escribir en una columna qué tiene de positivo en los diversos ámbitos esta situación, y qué de negativo, y que piense alternativas a estas últimas que le satisfagan, aunque sea parcialmente, esa carencia. Quizá no le *alimenten* igual, pero pasará menos *hambre*.

Actualmente es más difícil encontrar alguien que quiera mantener una relación en serio; que no se desanime ni se sorprenda. Si la mayoría de la gente termina encontrando a su media naranja, ella también lo logrará, es cuestión de tiempo. Aunque pasen los días, nunca se sabe. Esa persona surgirá de un día para otro. Podría ser mañana...

Todavía puede hacer una buena elección libre. Mientras mantenga la ilusión es más fácil poner los medios y que dé su mejor versión para que, cuando aparezca esa persona, la *química* funcione. Que considere si puede salir de su zona de confort, que se permita con prudencia, cuidando su tesoro, explorar otros ambientes y conocer gente nueva. Si cree que ha sido algo pasiva, le ayudará concretar qué va a hacer.

Que no se rinda y viva el día a día con intensidad, del modo más positivo para ella en estas condiciones, sin quedarse a la espera. Si tiene que llegar, llegará. Que aproveche las amistades y planes que le surjan con el tiempo del que ahora dispone, y sea agradecida. Y que cuide estar con personas positivas que tiren de ella para arriba.

Caso 4. Estoy a punto de separarme *por una crisis matrimonial muy fuerte. Quiero seguir apostando por la relación, pero él dice que ya está cansado de intentarlo, y no le ve salida. Me desanima ver que él no pone de su parte.*

Estas situaciones siempre son duras, pero pueden terminar bien. Te suelen hacer crecer como persona e incluso podrías tener una vida más feliz. Por ejemplo, puedes conocerte mejor, descubrir nuevos aspectos de tu Yo y de la vida que, quizá por la relación, permanecían ocultos a tus ojos.

Si os termináis separando podrás rehacer tu vida, y quién sabe si con más fuerzas aún. Quizá puedas aprender de algunos errores cometidos para una futura relación más sana y positiva. Se suele aprender más con lo que no va que con lo que va bien.

Del mismo modo que superaste en el pasado otras situaciones difíciles, otras pérdidas, ahora también puedes conseguirlo. Aunque estés desanimada y decepcionada con el proyecto de una relación estable, hay mucha gente buena y parejas que funcionan. Tú puedes encontrar también a tu media naranja. Si antes no fue así, ahora te toca que sí lo sea. ¿Por qué no? Has aprendido mucho y es más difícil que te vuelva a pasar.

Todo lo que has peleado ha merecido la pena, era para ti y para tu proyecto de vida. Parece que no va a poder ser, pero has crecido y madurado, y has vivido tu vida, aunque el resultado no ha sido el que esperabas. Piensa todo lo que ha tenido de bueno la relación y sé agradecida. Analiza las cosas buenas y las malas que se desprenderían de la posible separación. Intenta ser lo más concreta posible en las positivas, resaltando las que más te importen. Si no encuentras casi nada positivo, alégrate por haber cerrado ese capítulo de tu vida. Valora también las muchas otras cosas positivas que hay en tu vida. Enfócate en lo que sí tienes ahora —amistades, familia, aficiones...— y cuídalas con esmero.

Estas crisis son muy habituales y le pueden pasar a cualquiera. Forman parte del juego de la vida. No te bloquees pensando por qué a ti, y pregúntate qué puedes hacer. Si os termináis separando, vas a disponer de tiempo y libertad, y esta experiencia te facilitará acertar y disfrutar de un nuevo proyecto.

Al recordar y hablar de tu situación emplea términos positivos como *nueva oportunidad, recomenzar, rehacer, nueva etapa*, etc. Rodéate y queda con gente positiva que te ayude con su compañía y valoraciones a verlo con más optimismo.

Caso 5. *Te acaban de diagnosticar una enfermedad crónica limitante en plena madurez.* *Hasta ayer, tenías solo algunas molestias. Si pones de tu parte, la evolución será mejor, aunque la enfermedad te limitará cada vez más. No terminas de creértelo. Por momentos piensas que puede ser un error, o un mal sueño.*

Aunque la enfermedad te viene dada, cómo te influya y cuánto te limite dependerá de ti, de si tienes una visión optimista. Puedes desarrollar actitudes y conductas que te hagan más resistente, y crecerte ante tus limitaciones.

No te pares a rumiar por qué a otros no, y a ti sí. Piensa en otros que en situaciones parecidas supieron adaptarse bien, e incluso mejoraron el pronóstico. Acepta la enfermedad y, a partir de ahí, recupera el protagonismo de tu vida; así la llevarás mejor y serás mejor persona. Es una oportunidad para ganar en sabiduría de la vida y generar *defensas* ante futuras adversidades.

Te dieron un pronóstico, pero nunca se sabe. Hay mucha variabilidad en las evoluciones, y esta será mejor si lo llevas bien y peleas. Concreta pequeñas metas y objetivos. Lograrlos te reforzará el ánimo y te estimulará a seguir luchando.

Esta enfermedad y sus consecuencias no son un infortunio ni una maldición. Es algo propio de la vida, que en tu caso se concreta de esta manera. Es habitual que todos acumulemos limitaciones, y podemos ir adaptándonos a ellas.

Piensa en todo lo positivo que has vivido y que tienes, y valóralo como un regalo que todavía puedes saborear, y hacer que tengas una vida lograda. Usa palabras que describan tu realidad de un modo positivo, por ejemplo, tus *diferentes capacidades actuales* o tu *nuevo escenario*, y procura relacionarte con personas positivas en sus planteamientos, que hablen ese *idioma*, para generar un mejor entorno.

Renueva tu jerarquía de valores si es preciso, adaptada a tus nuevas circunstancias, y empéñate en las más altas de la lista. No cedas a una negatividad melancólica y victimista. Considera las cosas buenas que aun puedes hacer y dales valor.

Caso 6. *Tu situación es terminal y no cabe hacer nada desde el punto de vista médico.* *No sabes el tiempo de vida que te queda, pero has entrado en un camino sin retorno. Se trata de estar lo mejor posible todo lo que puedas, sin* *emplear unos medios que te alargarían muy poco la supervivencia a costa de una peor calidad de vida.*

Hay muchísimas personas que afrontan el final de su vida con serenidad, sin desesperarse, y tú también puedes conseguirlo. Recuerda el ejemplo de personas cercanas a las que has visto morir como a ti te gustaría, y siéntete capaz de imitarlos. Para eso es fundamental aceptar esta realidad irremediable pero que puedes vivir como protagonista, y no como una víctima impotente.

Aunque sabes que hay un plazo y se va acortando, te animará considerar que esa misma incertidumbre te permite, dentro de unos límites, seguir disfrutando de algunos buenos momentos, especialmente de buena compañía. Aunque no está en tu mano decidir el momento, si te acontece peleando y aceptando, lo llevarás mejor. Confía en que lo vas a llevar bien, y para eso, toma las decisiones oportunas y pide la ayuda que necesites.

Te puede ayudar recordar con los tuyos, con agradecimiento, situaciones positivas del pasado, o simpáticas, que elevarán tu valoración global de tu vida. Si te vienen recuerdos negativos, tan reales como los positivos, pásalos rápidamente, piensa que los afrontaste del mejor modo que supiste, y que, si no hubieras peleado o no hubieras estado ahí, las cosas podían haber sido peor.

Si has peleado por vivir bien la vida y afrontar las adversidades lo mejor que pudiste, cuando llegue el momento estarás preparado, y solo será un último paso. Valora como una liberación que no tengas que seguir afrontando los sinsabores de la vida, especialmente aquellos que suelen ser más frecuentes con el paso de los años.

IV.
LA ESPERANZA:
PASIÓN POR LO POSIBLE

No son pocos los que opinan que en las últimas décadas se nos ha *colado* la desesperanza. Son tiempos de sombras para nuestra *jadeante sociedad de la supervivencia*[1]. El mal parece extenderse irremediablemente por la Tierra Media en forma de guerras y conflictos, familias rotas, crisis de valores... *Solo la esperanza se atrevería a desplegar un horizonte de sentido, capaz de reanimarnos y alentarnos. Solo ella podría regalarnos un futuro.*

Además, actualmente, valoramos la vida cada vez más en función del éxito social, los *me-gusta* y los *followers* acumulados, y, al mismo tiempo, no podemos evitar las derrotas o las malas calificaciones, y tenemos la experiencia diaria de nuestras limitaciones. Percibimos así más presión que nunca por triunfar, por ser alguien, entendido como ser-capaz-de o tener algo. Todo esto nos hace

---

[1] Byung-Chul Han. *El espíritu de la esperanza*. Herder, 2024.

especialmente vulnerables. ¿Se puede entonces vivir feliz entre tantas expectativas y desengaños?

Hemos visto las aportaciones del estoicismo, la psicología positiva y el optimismo, pero también hemos analizado sus limitaciones, especialmente ante las grandes cuestiones de la vida. Nos brindan recursos para manejar las emociones, encontrar un sentido a algo que no va y definir estrategias para avanzar... pero hay momentos en la vida en que nos sentimos al borde del precipicio o ante un muro infranqueable, especialmente ante la realidad de la muerte. ¿Acaso vamos a conformarnos con que *esto es lo que hay*? Ante el desgaste del goteo diario de la vida, ante la constatación permanente de lo efímero, ante la imposibilidad de evitar el sufrimiento como compañero de camino... ¿nos basta fluir, manejar los problemas emocionales, y sonreír a la vida para navegar serenamente y sin perder el rumbo?

¿QUÉ ES LA ESPERANZA?

Según el diccionario de la Real Academia Española es el *estado de ánimo que surge cuando se nos presenta como alcanzable algo que deseamos*. Espero que mañana haga buen tiempo, llegar puntual, que me asciendan. Unas veces depende de mí, otras no, y otras parcialmente. Este sentimiento me lleva a decir que estoy o me siento esperanzado. Es *el sueño de los despiertos*, según Aristóteles.

Entonces, ¿es un sentimiento o una virtud? Frente al optimismo como actitud o tendencia más o menos fundada, la esperanza aporta una confianza y empeño en un bien posible, futuro, que precisa un gran esfuerzo para conseguirse. Afrontar la vida con esperanza va más allá de un estado de ánimo, nos compromete. Tiene mucho de tenacidad, paciencia, constancia, de comenzar y recomenzar, de espíritu joven y de apasionamiento. Y en todo esto sí que hay mucho de virtud.

> Existen dos corrupciones de la esperanza. La presunción, o confiar ciegamente en que me va a ir bien sin necesidad de esforzarme o sin ninguna base. Muchas veces responde a la comodidad, y otras, a un cierto narcisismo. En el otro extremo estaría la desesperanza. Aquí los autores distinguen entre la *desesperanza* como una situación algo melancólica, pero en la que se podría permanecer, estar instalados; y la *desesperación*, que añade la necesidad de encontrar una salida. La primera es más nihilista, de falta de ganas de vivir, y la segunda, más angustiosa[2].

El verdadero enemigo de la esperanza es el miedo, pues incluso en la más profunda desesperación puede arraigar y crecer la esperanza, pero no así ante el miedo. Recientemente hemos pasado del miedo a la pandemia a una pandemia del miedo que ha enfriado y debilitado muchos corazones. Pero no son los mil miedos diarios

---

[2] En la desesperación seguimos apegados emocionalmente a una posibilidad que racionalmente hemos descartado. La resignación es un paso más, pues el apego se ha disuelto. Es comprensible, en todo caso, que, para quien no cree en un Dios-Amor, la vida eterna pueda parecerle un eterno aburrimiento.

los que nos llevan a la desesperación. El peor y verdadero miedo es a malograr la vida, a tener una vida gris e insufrible. El miedo encoge y cierra las puertas a lo distinto. Como dice Han[3], *el miedo y la libertad son incompatibles, y por eso puede transformar una sociedad entera en una cárcel, y ponerla en cuarentena. Mientras la esperanza nos abre caminos, preanuncia vientos de cambio, nos indica nuevos caminos, el miedo solo instala señales de advertencia. La esperanza nos hace ponernos en camino, nos da sentido y orientación, mientras que el miedo nos atenaza y nos bloquea.*

OPTIMISMO Y ESPERANZA

Para entender bien la esperanza tenemos que darnos un paseo por su frontera con el optimismo. El optimismo es la tendencia a ver lo positivo de lo que ha ocurrido —perder *solo* por dos goles en el partido de ida—, y pensar que el futuro será el mejor posible —en el partido de vuelta *seguro* que remontamos—. Para muchos, esta última acepción como expectativa del futuro se confunde con la esperanza, pero eso sería elevar de categoría a uno o descender a la otra. La esperanza no requiere optimismo, sino valentía para mirar a los ojos a la desesperación o a la incertidumbre, y sostenerles la mirada. Es un acto heroico del que los cobardes e ignorantes no son capaces, y por eso prefieren hablar de ilusionarse. Realmente, para tener esperanza hay que renunciar a la ilusión y a toda falsa esperanza, más o menos edulcorada.

---

[3] Op. cit. Pág. 15.

Como explica Han, a diferencia de la esperanza, el optimismo carece de toda *negatividad*: desconoce la duda y la desesperación. Su naturaleza es la *pura positividad*. El optimista está más o menos convencido de que las cosas acabarán saliendo bien. Es un sucedáneo de la felicidad, cuya valoración no da para más. Al repartirle cartas, el optimista piensa que las suyas serán mejores, y punto. Si le preguntamos por qué lo ve así, dirá que *porque sí,* porque ya toca, porque lo prefiere...; no tiene un por qué, sino, en todo caso, un para qué. La esperanza no está emparentada con el optimismo *light,* más cercano a un *hacerse ilusiones*. Este optimismo bajo en calorías y la verdadera esperanza se oponen. *Genéticamente*, la esperanza se combina mejor con el pesimismo si es realista, pues ambos nacen de ahí.

El optimista no necesita razonar su actitud. En cambio, la esperanza no se presenta como algo obvio, algo que se tiene sin más. Muchas veces hay que suscitarla expresamente y sacar fuerzas de donde no parece haberlas para conquistarla. A diferencia del optimismo, falto de toda resolución, a la esperanza le viene bien un cierto entusiasmo al principio, como detonante. Pasado este momento, ella misma nos mantendrá pese el cansancio y las dificultades, incluso con apasionamiento.

El optimismo no arriesga nada ni está camino de ningún sitio, mientras que la *nave esperanza* siempre está en búsqueda para encontrar un viento, una estrella, o rema a contracorriente si es preciso. Nos lanza hacia lo desconocido, lo totalmente distinto, lo abierto, lo que todavía no es o lo que jamás ha existido. El optimismo es ingenuamente testarudo, y no se plantea que un suceso pueda dar un giro sorprendente al curso de los acontecimientos.

Lo explica muy bien Havel[4] cuando dice que la esperanza no tiene nada que ver con cómo acabarán saliendo las cosas. No se consideraba optimista ni pesimista, y decía que la esperanza no se puede reducir a un deseo ni a una expectativa. Es un estado espiritual cuyo contenido es *el profundo convencimiento, la certeza de que algo tiene sentido, sin importar como acabe resultando.* Nos habla de nuestra capacidad para esforzarnos por algo sencillamente porque es bueno, y no porque su éxito esté garantizado.

¿QUÉ CARACTERÍSTICAS TIENE LA ESPERANZA?

La esperanza es alegre porque mantiene viva la ilusión en lo que está por venir. No nos evade del mundo, sino que nos permite vivir el presente anhelando el futuro. Es un motor que impulsa a recomenzar todas las veces que sea necesario, frente al desaliento o la frustración. Cuando nos desorientamos o desanimamos, transforma nuestras dudas y sospechas en confianza. Una consecuencia lógica de esta alegría es que resulta contagiosa, como todo bien, frente al más que frecuente escepticismo que provoca el optimismo.

Esta alegría confiada es vista con recelo por quienes la tachan de falta de realismo. Para estos, la esperanza sería un pálpito emocional, una intuición sin fundamento racional. Un *hacerse ilusiones*, unas falsas esperanzas o una esperanza vacía

---

[4] V. Havel. *Sea breve, por favor.* Galaxia Gutenberg, 2009.

que convertiría en patética la vida. Los mismos estoicos nos alertarían contra ella por el riesgo de perder la paz interior si no alcanzamos el objetivo, y la psicología positiva nos apoyaría solo si sirve para nuestro crecimiento personal y generar emociones positivas. En verdad, desde muy antiguo se nos ha recordado la dureza de la vida para prevenirnos precisamente de los *vende-humos*. ¿Es posible una vida sin sufrimiento, sin carencias, sin dolor? ¿Disponemos de un *antídoto* para cada *veneno*? Los griegos nos transmitieron el mito de Zeus, quien, para vengar a Prometeo, envió a la Tierra la famosa caja a Pandora llena de todo tipo de males como supuestos *regalos*. Al abrirla, salieron todos los males y desastres posibles, y pese a cerrarla a toda velocidad, solo pudo evitar que saliera la esperanza. Hay quienes lo interpretan como la causa de que la vida sea especialmente dura —sin esperanza— y otros, malpensados y descreídos con ella, lo ven como una suerte, porque, habría sido la *puntilla*. La esperanza habría ocasionado que Pandora creyera equivocadamente que los males tenían solución, y terminaría sucumbiendo desesperada y aniquilada.

Como ya vimos, la esperanza puede florecer con fuerza en situaciones de gran negatividad, lo que la distingue del optimismo, pura positividad. En esos casos, puede ocurrir que incluso aparezca con mayor fuerza. Como los picos de montaña que forman el valle, o el árbol que echa raíces profundas en terreno seco. Su luz brilla especialmente en las tinieblas más profundas, y sorprende como una flor en tierra volcánica. La esperanza despunta precisamente en el momento en que fracasa la narrativa del mundo, esa que apoya su seguridad en lo que entiende por bueno, justo o razonable. En esto guarda cierta analogía con el perdón, pues este también es más genuino en la medida que el daño sufrido parezca imperdonable. Ambos tienen una semilla de gratuidad que contribuye a su grandeza y la de quienes los ejercitan.

Fruto de esa negatividad es también su apasionamiento, aunque actualmente preferimos sustituir esa intensidad por un superficial *me gusta* como paso previo a un consumo. También las experiencias de felicidad intensa o de amor apasionado arraigan en un polo negativo. Como nos explicó, también con su vida, Simone Weil, el sufrimiento es condición para el amor.

La esperanza solo puede ser libre y no germina en un terreno abonado de miedo. Y para ser libre ha de ser racional, a la vez que, en su audacia, tiende una pasarela sobre un abismo al que la razón no se atreve a asomarse. Además, ayuda a advertir indicios de por dónde ir que la razón no detecta, pues esta solo rastrea lo ya existente. Se apoya en quien la custodia, quien da razón o garantía.

Para algunos, la esperanza es irracional, ilusoria, pues quien sigue la razón no la necesita. La ven como un edulcorante autorizado para gente frágil, cobarde o desesperada. Para afrontar la vida se bastan con su ecuación: saber + valer + querer + poder, rociando el resultado final, si es preciso, de aceptación. Sin embargo, quien tilda la esperanza de ilusa, y luego deposita toda su felicidad solo en lo que está en su mano, no repara en que él también vive, o sobrevive, de dos ilusiones al menos. La primera ilusión es la de que siempre podré elegir una nueva carta buena, y así, cuanto más tenga para elegir, más feliz seré. Esta ilusión termina generando angustia primero por acertar, y posteriormente de vacío. Angustia que explica el beneficio que aporta la terapia de aceptación. Por otra parte, solo si tenemos esperanza sabremos en qué vale la pena emplear la libertad de elegir. La otra ilusión es la de acumulación: cuanto más tenga, más feliz seré. Se refleja en la fiebre de acumular —ropa de oferta, fotos, *likes*—, o de devorar videos y podcasts al doble de velocidad, etc. Esto podría explicar en parte el éxito de tantas prácticas de meditación opuestas a esa tendencia, o el *slow life*. Sin esperanza es fácil vivir el presente con avidez, y con *la prisa y la acción de un hombre que se evade de sí mismo*, en palabras de J. J. López Ibor.

La esperanza es activa, mueve a actuar. Si fuera pasiva, encogida, nos inclinaría a la presunción: no hago nada porque ya se resolverá. Por el contrario, es el alimento, la virtud del caminante porque, como decía Kierkegaard, *la vida solo puede entenderse mirando atrás, pero debe vivirse mirando adelante.* Su esencia no es la espera pasiva, quietista, sino la de un corazón inquieto. Nos ayuda a enfrentarnos al mundo y su negatividad. Quizá no suponga una actividad continua, pero su núcleo tiene motor propio, y por eso, a veces, está como un tigre agazapado, dispuesto a saltar en el momento preciso.

Tiene también algo de contemplativa porque espera, es paciente, receptiva, facilita la aceptación. Acoge sueños que dirigen nuestra mirada hacia delante, habitualmente abiertos a más personas; no como los sueños de la noche, que se refieren a nuestro pasado. Suscita una *pasión por lo posible* que permite mirar hacia lo que aún no es. Nos agranda el alma para acoger cosas grandes y plenas de sentido, y estimula la creatividad, trae novedades al mundo. Sin ella nos quedamos atrapados en lo que ha sido o en lo que no debería existir. Cuando Martin L. King nos contó su sueño en 1963, al igual que V. Havel, se situó más allá del optimismo, y nos habló de una roca de esperanza que solo era posible tallar *en la montaña de la desesperación.* Son los sueños de los revolucionarios. Solo en ellos caben la belleza, lo sublime y la pasión. Solo la esperanza permite la apertura a lo totalmente nuevo, a lo distinto, propio de una revolución. Sin ella solo brotaría la queja y el lamento.

Quien renuncia a soñar, también los sueños imposibles, ha de vivir en y para el presente. Su *jugada* consistirá en pedir continuamente cartas nuevas a la vida, cruzando los dedos para que sean favorables. Pero lo efímero siempre deja un rastro de hambre, un vacío de decepción, como al Duque de Gandía cuando contempló el cadáver en descomposición de *su* hermosa emperatriz Isabel: *Nunca más serviré a señor que se me pueda morir.* Este pensamiento lleva a muchos jóvenes, y no tan jóvenes, a recurrir al *carpe diem* de Horacio. Un *vive el presente* que se parece más bien a un *exprime el presente como si no hubiera un mañana,* siguiendo la expresión popular. Y es que, si no hay esperanza, si no hay mañana, solo queda el presente. Esto, que tiene a favor la evidente realidad del *pájaro en mano,* también tiene la contundencia de lo pasajero y de lo incierto del futuro. Por eso, el propio Horacio añadía: *permitte divis cetera,* es decir, vive el presente, pero deja lo demás en manos de los dioses.

Por este mismo motivo, si no hay esperanza, sin un horizonte de sentido, la vida se reduce a supervivencia o a consumo puro y duro. Un consumidor no tiene esperanzas, tan solo deseos y necesidades. Tampoco necesita un futuro ya que, si todo es consumo, el tiempo se reduce al continuo presente de lograr la satisfacción. La palabra esperanza, según Han, no está en el diccionario del capitalista. Se supone que los *grandes satisfechos* no la necesitan. Eso sí, cuando las cosas no salen a su gusto solo les queda echarle las culpas al árbitro o a la mala suerte, o sencillamente desesperarse. Hay quienes traducen la esperanza de felicidad infinita en la máxima satisfacción de placeres en el presente. Es un modo accesible, un sucedáneo, de alcanzar el cielo en la tierra, como ocurre en las adicciones.

Como el horizonte, la esperanza se aleja conforme nos acercamos, pero esa distancia nos permite vivir, nos deja respirar. Frente al azul del cielo en la lejanía, nuestra sociedad tiende al gris, como esas ciudades distópicas de las películas futuristas. Hemos perdido la lejanía, y por eso solo tenemos deseos y prisas, pero no esperanza. Los deseos y expectativas se refieren a un objeto o suceso concreto, son puntuales, tienen el empuje de un impulso, pero no la fuerza e inercia necesarias para transformar el mundo, para ampliarlo e iluminarlo. Solo aguardan lo que los satisface, mientras que la esperanza nos hace percibir el mundo bajo una luz distinta, con un brillo especial. Y aunque más templada que los deseos, la esperanza puede suscitar el entusiasmo y la pasión.

También se dice que es propia de los jóvenes, pero habría que añadir que, de los jóvenes de corazón, por muchos años que tengan. Hay jóvenes que están de vuelta de la vida, y personas mayores que rebosan juventud. Los jóvenes deberían observar la vida con esperanza, pues solo ellos pueden comprometerse y disponer de su futuro. Paradójicamente, hacerlo nos rejuvenece. Solo el joven puede vivir como si todo lo anterior no hubiera existido, y solo él cree poder lograr lo que antes nadie ha conseguido. En cambio, el corazón avejentado está de vuelta, flota en el pasado, y suspira con nostalgia por lo que pudo ser y no fue. Quizá haya algo de inmadurez en los planteamientos juveniles, pero hace falta esa perspectiva si aspiras a crecer y avanzar.

Si necesitamos vivir con esperanza, si todos tenemos esa semilla en nuestro interior, ese anhelo, ¿dónde está su fundamento?, ¿sólo se basa en que es mejor tenerla que su contrario?, ¿o en que aumenta la eficiencia, como la liebre de las carreras de galgos o el público entusiasta de la etapa de montaña que al instante te deja solo ante la dura pendiente? Aunque se diga que es lo último que se pierde, ¿hasta cuándo se puede mantener encendida la llama de la esperanza? ¿Será, como dice Kierkegaard, que la esperanza, en sentido estricto, tiene como horizonte siempre la eternidad? ¿Existe una Esperanza, con mayúscula, que sobrevive a toda desesperanza? ¿Son ambas incompatibles?

LAS ESPERANZAS Y LA ESPERANZA

La esperanza ilumina el pasado, ayuda a interpretar y afrontar el presente, y nos orienta hacia el futuro. La hemos distinguido del *mero* optimismo, porque está anclada en un convencimiento conquistado a golpe de machete. No se reduce a interpretar los augurios del paso de las aves, confiando que no vengan por la siniestra, sino que nos pone en marcha, nos saca de la seguridad del refugio, y se sostiene gracias a la porfía del esfuerzo diario. Este componente virtuoso de empeño, tenacidad, etc., ¿es suficiente, como decían los estoicos, para conservar la felicidad? ¿Qué pasará cuando nos falten las fuerzas o las dificultades se multipliquen, o el enemigo nos tenga rodeado? ¿Queda siempre un resquicio para la esperanza? ¿Qué dicen esas esperanzas ante la gran pregunta de la muerte y del más allá? ¿Necesitamos para esas ocasiones una versión *premium*?

La experiencia nos dice que, aunque las esperanzas cotidianas nos ayudan a vivir, sin embargo, nos sentimos defraudados con más frecuencia de lo que nos gustaría. Aquello, después, vemos que no era para tanto, o que al poco de deslumbrarnos nos resulta aburrido, o que mantenerlo exige más de lo que pensábamos. Otras veces la espera nos desespera, y terminamos tirando por un supuesto atajo, o nos conformamos con un sucedáneo de felicidad más accesible. Alternativas *low-cost* que tienen algo de bien y de felicidad, pero con un *solo* defecto: no dan respuesta completa al anhelo de felicidad-para-siempre que tenemos en nuestro interior. Pero ¿existe acaso alguna esperanza que nunca defraude? ¿Es posible esperar a pesar de todo?

La esperanza complementa todos los enfoques vistos hasta ahora, pero llega hasta aquí. No es poco, y muchos opinarán que es suficiente. Es admirable, desde luego, el esfuerzo tenaz de quienes aspiran a un mundo mejor por un ideal limpio, sin conocer quizá, que detrás de esa actitud humana noble, se encuentra su condición de imagen de Dios. Pero si eres una persona con fe, o tienes curiosidad por si hay algo más, entonces, te recomiendo que sigas leyendo. Podrías perderte lo mejor, y, además, *tienes derecho* a este obsequio.

Ciertamente, las esperanzas cotidianas, sin aparente proyección trascendente, están al alcance de todos, también de agnósticos y ateos. Pero los cristianos creemos que el hombre está llamado a algo más. Entendemos que esas esperanzas son demasiado breves, limitadas y caducas, frente a la eternidad. Esas son las *pequeñas esperanzas* que menciona Benedicto XVI en su encíclica *Spe Salvi: A lo largo de su existencia, el hombre tiene muchas esperanzas, más grandes o más pequeñas, diferentes según los periodos de la vida. A veces puede parecer que una de estas esperanzas lo llena totalmente y que no necesita de ninguna otra. Puede ser la esperanza del amor a una persona; la esperanza de cierta posición en la profesión, de uno u otro éxito determinante para el resto de su vida. Sin embargo, cuando estas esperanzas se cumplen, se ve claramente que esto, aunque sea bueno, en realidad, no lo era todo. Está claro que el hombre necesita una esperanza que vaya más allá. Es evidente que solo puede contentarse con algo infinito, algo que será siempre más de lo que nunca podrá alcanzar.*

Desde antiguo, muchos han sospechado de la Esperanza por incitar a la pasividad. Siguiendo la jerga médica, hay quien la ve como un hipnótico que te hace dormir en los brazos de Morfeo para retrasar el esfuerzo o la tarea: *Como tengo asegurado el premio final, no tengo por qué esforzarme, o puedo dejarlo para más adelante.* Algo así como un hijo malcriado que está convencido de que da igual como se porte, pues siempre tendrá su postre preferido. La segunda crítica es verla como un ansiolítico que te quita la intranquilidad de conciencia de quien opta por una vida mediocre, confiando en que siempre toca, como en las tómbolas. Y la tercera es su papel como alucinógeno, que te hace soñar con una visión utópica para huir de la realidad. Albert Camus la calificaba de *evasión mortal o engaño de quienes viven no para la vida misma, sino para alguna gran idea que sublima la vida, que se supone que le da un sentido... pero que luego te traiciona.*

151

Marx y Nietzsche veían la vida eterna como una proyección ilusoria de nuestros deseos y necesidades insatisfechos. Dejar la felicidad para la otra vida sería desperdiciar en un supuesto cielo los tesoros de la tierra. Años después, los marxistas entendieron que no podemos vivir sin esperanza, e idearon traer el cielo a la tierra, donde la felicidad eterna sería la Utopía: un mundo en el que reine la justicia, la solidaridad, la paz, una sociedad perfecta formada por hombres imperfectos. Con todo lo que hay de verdad y de bueno en estas aspiraciones, la realidad y el Telediario no dejan de *hackear* el mensaje de John Lennon en *Imagine*. Esa visión, llevada al extremo, no solo renuncia a la esperanza sino también a la caridad. Basta repasar la historia reciente para ver cuántas utopías han terminado creando otro tipo de opresión. Un buen ejemplo de la afirmación de Chesterton de que *el mundo moderno está lleno de antiguas virtudes cristianas que se han vuelto locas.*

Una persona con visión trascendente vive *con* la esperanza de alcanzar la felicidad eterna, y *en* la esperanza de que todo lo de aquí es una preparación —providencia amorosa de Dios— para alcanzarla. Si hemos dicho que la esperanza complementa las visiones ya expuestas, la Esperanza además las eleva al orden sobrenatural. No nos separa de la realidad, sino que nos acerca a ella de un modo distinto. Quien tiene Esperanza no renuncia a las cosas de aquí, aunque las subordina a ella. Siempre nos acompaña en los peores momentos, y nos recuerda que no está todo perdido; que cuando ya nadie escucha, Dios todavía escucha, y que lo mejor está aún por llegar. La Esperanza no solo es compatible con las esperanzas, sino que es su fundamento[5]. Cada paso, cada caída, cada cansancio, cada prueba, cada alegría, cada recomenzar... todo tiene un sentido no solo en esta vida, en el porqué de hacer la voluntad de Dios, sino también en la vida eterna, en el para qué. Conocer el final nos ayuda, y permite entender y vivir mejor la vida. Como dice Benedicto XVI en su encíclica: *Solo cuando el futuro es cierto como realidad positiva, también el presente se hace visible.* También Havel nos habla de esa dimensión superior de la esperanza, en su obra ya citada: *Sus raíces están en la trascendencia, más allá de lo mundano de las cosas, y por eso permite actuar en medio de la desesperación más absoluta. Orienta al espíritu y tiene su norte, su horizonte, en la lejanía, más allá de los límites de este mundo. De ahí que la esperanza será tan profunda como adversa sea la situación y que nos conduzca por territorios en los que no parece haber otra salida. (...) Esa esperanza profunda que*

---

[5] ... *la Esperanza se proyecta sobre la vida de cada uno, se acomoda a nuestra naturaleza, y es también una virtud muy humana (...) El cristiano, precisamente porque lo espera todo de Dios y solo de Él, no deja de "esperar" en las cosas y de las cosas que Él ha creado; no deja de esperar en el hombre ni siquiera cuando aparece a sus ojos como poco fiable por sus pecados, porque Cristo ha vencido al mundo. El optimismo es una manifestación genuina de una esperanza cristiana proyectada sobre las cosas humanas con el objeto de remover los obstáculos que se oponen al progreso humano* (J. Escrivá de Balaguer, "La esperanza del cristiano", *Amigos de Dios*, Rialp).

nos mantiene a flote en medio de toda adversidad, y que nos alienta a buscar el bien y recomenzar las veces que haga falta, nace de otro sitio[6].

Para que la Esperanza arraigue es preciso estar desprendido de las esperanzas, y enfrentarse a la negatividad de la vida. Hay que abandonar toda esperanza si se quiere de verdad esperar en Dios. Hay que dar ese gran salto de confianza, sin nuestra habitual red de seguridad. A más negatividad, a más abandono, más margen para la Esperanza.

Quizá sea esa necesidad de infinito que traemos de fábrica, la que provoca que quienes no tienen Esperanza o renuncian a ella, se aferren a las esperanzas. Ese anhelo que llevó a Agustín de Hipona a preguntarse: ¿De qué me sirve vivir *bien, si no es para vivir siempre?* Y, ¿quién ha dicho que vivir siempre y vivir bien son incompatibles?

Dios nos creó para amarle y disfrutar con Él eternamente. Para conseguirlo hemos de sabernos necesitados de seguirle de cerca, y esperar en Él. Nuestra vida es el encuentro de la Esperanza de Dios y la nuestra: es el sueño infinito de Dios el que nos permite ser soñadores incansables. Frente al engreimiento o la presunción, la Esperanza es la virtud de los pequeños, de los que se saben limitados y entienden que han de esperar. Por eso arraiga mejor en las personas sencillas y humildes[7]. En

---

[6] Coincide con muchos autores de inspiración cristiana, desde Tomás de Aquino a J. Pieper: si la esperanza es virtud, lo es espiritual —teologal, para ser preciso—, y si no, no lo es. La esperanza como estado de ánimo, como sentirse esperanzado, no sería una virtud.

[7] Péguy habla de la esperanza, virtud teologal, como la hermana pequeña de la fe y la caridad, que va de la mano de ambas. Pese a

la medida que ponemos nuestra esperanza en lo que no es Providencia, no disfrutamos de Él, ni Él de nosotros. Esta espera y encuentro permanente nos permite, en cierto modo, disfrutar ya aquí del premio, y nos anima a afrontar las dificultades. Hay, por tanto, una Esperanza de lo que vendrá en la otra vida, y otra que disfrutamos desde ya, por la confianza en los medios que Él nos ha dado. El hombre necesita amar y sentirse amado, y el amor tiene un componente de infinitud, de *para siempre,* que hace que quien ama a otra persona siempre espera que vuelva. Todo buen encuentro anhela un reencuentro. Y quien ama a Dios, también espera el premio de vivir con Él y amarle eternamente.

La Esperanza se vive como apertura a los demás, dilata el corazón y lo preserva de la autosuficiencia y del repliegue sobre uno mismo, porque espera en el Amor, que es donación. Nos empuja, señaló el papa Francisco en la apertura del Año Jubilar, *a llevar esperanza allí donde se ha perdido; allí donde la vida está herida, en las expectativas traicionadas, en los sueños rotos, en los fracasos que destrozan el corazón; en el cansancio de quien no puede más, en la soledad amarga de quien se siente derrotado, en el sufrimiento que devasta el alma; en los días largos y vacíos de los presos, en las habitaciones estrechas y frías de los pobres, en los lugares profanados por la guerra y la violencia.* A diferencia de ella, el estoicismo y la psicología positiva ven en el hombre una capacidad casi ilimitada de hacerse a sí

---

ser la menor, y aunque parezca que son las otras dos las que la llevan o protegen, realmente es ella quien las guía, pues *sus dos hermanas mayores saben bien que sin ella no serían sino servidoras de un día.*

mismo, pues disponemos de lo necesario para autorrealizarnos y alcanzar la felicidad. Para estos, *querer es poder*, lo que predispone a una felicidad de consumo propio, un tanto egocéntrica, que termina además demostrándose irrealizable.

La Esperanza es una certeza que se fundamenta en la fe en el amor que Dios nos tiene, frente al convencimiento más o menos fuerte de las esperanzas. En todo caso, hay algunos argumentos que la respaldan. El primero es la insoportable certeza del sufrimiento de los inocentes, y tantísimas injusticias que se producen a diario, que reclaman una justicia más allá de la humana, tantas veces incompleta. Esto los cristianos lo traducimos en el Juicio Final, momento en el que todo se sabrá y se hará justicia de verdad. También entonces, todas las buenas obras, casi siempre ocultas, tendrán un merecido premio para siempre. Otro es encontrarle sentido al sufrimiento. Frente al planteamiento de eliminarlo y evitarlo a toda costa, la vida eterna le da un sentido que facilita su aceptación, a la vez que nos ayuda a madurar y ser mejores personas. Por último, si reflexionamos sobre los grandes tesoros de la vida como el amor, el perdón y la amistad, la felicidad, la paz y la verdad, etc., vemos que, aunque tengamos que poner algo de nuestra parte, siempre nos llegan como un don, como algo que esperamos pero que no controlamos[8].

---

[8] Benedicto XVI, *Spe Salvi*, 2007.

¿QUÉ ME APORTA LA ESPERANZA ANTE ALGUNAS DIFICULTADES DE LA VIDA?

*Caso 1. **Acabo de suspender unas oposiciones** tras muchos años de preparación, sacrificios y renuncias. Estoy cansado y dolido, y además me encuentro ante una encrucijada: abandonar o volver a presentarme con todo lo que eso supone...*

Aunque has suspendido este examen, aquí no termina este proyecto, ni por supuesto termina todo. Ten confianza en que el que la sigue, la consigue. Unas cosas se consiguen a la primera, otras a la segunda, y otras a la tercera. Si te vuelves a presentar, lo normal es que ahora tengas más posibilidades de aprobar.

Si, en cambio, no quieres volver a intentarlo y dejas las oposiciones, tienes todo tu futuro por delante y puedes ser feliz con lo que decidas. Quizás encuentres un nuevo camino, para tu sorpresa, que te hará más dichoso que haber aprobado esas oposiciones.

Si además cultivas la Esperanza no te niego que, de entrada, habría sido mejor aprobar, al menos como recompensa a tus esfuerzos y para avanzar en tu proyecto de vida. Pero no olvides que lo realmente importante es tu felicidad para siempre. Esa te la estás ganando con tu esfuerzo, como el que has hecho por aprobar. Mantén vivo el deseo de hacer lo que crees que es bueno para ti, lo que Dios te puede tener preparado, y sigue esforzándote, tanto si te vuelves a presentar como si inicias un nuevo proyecto. Así te haces también merecedor del premio final y definitivo. Y recuerda: ninguna obra buena se pierde.

Caso 2. Acabo de perder el empleo, *estoy triste y preo-cupado. Mi desempeño era bueno y estaba contento con ese trabajo, pero por circunstancias ajenas a mi rendimiento, la empresa ha decidido despedirme.*

Perder el trabajo no ha sido una buena cosa. Pero si te esfuerzas en la búsqueda de uno nuevo, lo conseguirás, y puede que hasta uno mejor aún. Ese convencimiento te llevará, además, a ser tenaz y hacer realidad tu sueño.

Mientras tanto, confía, saldrás adelante de una manera u otra, como hasta ahora. No te dejes arrastrar por la negatividad de la pérdida, la incertidumbre del futuro, experiencias negativas propias o extrañas... Hay un futuro esperándote, y en gran parte depende de ti. Vive el presente, porque sin él tampoco hay futuro. En los momentos de cansancio o desesperación piensa, como el general cartaginés Anibal o Napoleón, que las batallas las ganan los soldados cansados, y que lo que se siembra se recoge. No estás desactivando una bomba y sudando mientras decides qué cable cortar, ni optas a un premio solo para el mejor, ni depende todo de una carta ganado-ra... Confía y pon los medios. Te irá bien.

Si además procuras cultivar la Esperanza, piensa que, aunque tenías el convencimiento de que ese trabajo era parte de tu camino a la felicidad, no es verdad que lo tuvieras garantizado. En cambio, como sabes, hay mu-chos caminos para llegar a la meta, y ahora se trata de descubrir por cual ir. Párate a valorar de qué modo esta nueva situación inesperada te puede hacer mejorar para prepararte de cara a esa felicidad eterna, que es la que verdaderamente importa, y confía en que con tu empeño lo lograrás. No dejes que esta contrariedad, que este árbol tronchado, te impida ver la maravilla del bosque. Frente a la incertidumbre, ten la seguridad de que no estás solo y confía en la única esperanza que no defrauda. El que está en las manos de Dios, cuando cae, lo hace siempre en sus manos. A ti te corresponde hacer lo que puedas, ahora por conseguir un trabajo y vivir del mejor posible en esta adversidad.

Caso 3. Pasan los años y tu mejor amiga no consigue tener una pareja estable. *Al principio hacíais bromas, pero cada vez le cuesta más hablarlo contigo. Aunque no depende de ti, te gustaría poder darle algún consejo que le consuele y ayude en su búsqueda.*

Dile que, si sigue siendo ella misma, terminará encontrando a la persona con quien compartir su vida. La mayoría de las personas lo consiguen y, por tanto, es cuestión de tiempo. Que siga poniendo los medios por conocer gente y el día menos pensado aparecerá.

Y si no fuera así, la experiencia dice que puede también ser feliz compartiendo su vida de otra manera, incluso con más personas, de manera que pueda saciar también sus ansias de felicidad, de querer y de sentirse querida.

Si además cultiva la Esperanza, dile que siga ilusionada y confiada en que su camino a la felicidad tenga un nombre. Que no pierda la esperanza y siga poniendo los medios. Si al final no aparece, son muchos los caminos que llevan a la felicidad, y cada uno tiene que ir descubriendo el suyo. Quizá Dios ha previsto que su camino no sea el que ella pensaba. En ese caso, que confíe en que será un plan mejor. Puede que ahora no lo entienda, y que solo lo vea claramente en la otra vida. Pero si no se rebela, si se suma al plan, alcanzará la felicidad plena que todos anhelamos.

Caso 4. Estoy a punto de separarme. *Quiero seguir apostando por la relación, pero él dice que ya está cansado de intentarlo, y no le ve salida. No es fácil pelear en esas condiciones, pues me desanima ver que no pone de su parte.*

Si todavía conservas la intuición de poder salvar el matrimonio, de que la herida puede cerrarse y de que podéis volver a recuperar la estabilidad, mantén la esperanza. No desesperes. Sigue poniendo los medios a tu alcance, sin hacerte daño, para lograrlo. Es posible que a tu alrededor oigas consejos muy dispares. Escucha y pondera, pero recuerda que es tu vida. Si ves que ahora no puedes hacer más, pero sigues pensando que cabe esa posibilidad futura, y que tú sí te ves recuperando la relación si él cambia, conserva la esperanza, aunque, quizá por prudencia, tengas que tomar ahora decisiones que no vayan en esa dirección. No es fácil mantener encendida esa pequeña llama en lo hondo del corazón, pero puedes intentarlo si te ves capaz y lo quieres.

Si cultivas la Esperanza tienes más motivos para conservar la felicidad pese a esta situación tan dolorosa. Sin entrar a valorar los posibles motivos de la crisis, se entiende que es la consecuencia de un camino que un día empezó a torcerse. Estabas convencida antes y durante un tiempo, de que ese era el proyecto que te iba a hacer feliz a ti y a los tuyos, concluyendo ese camino en la felicidad eterna.

Ahora no está tan claro que vaya a ser así. Se entiende que quieras seguir peleando hasta donde puedas, y también que ese esfuerzo, por diversos motivos, tenga un límite. Sólo tú sabes dónde está ese límite. Nadie es quien para juzgar a otros. Tú decides, pues eres quien conoces el peso del compromiso que adquiriste, y la prudencia de seguir en la brecha. Independientemente de cómo se resuelva esta crisis, la felicidad para siempre te sigue esperando, y no solo para después de la muerte sino desde ya. Lo opuesto a la alegría no es el sufrimiento, sino la tristeza. Intenta ver de qué manera esta situación puede entrar en los planes de Dios para ti y para los tuyos, y sigue esforzándote por vivir conforme a ellos.

Caso 5. Me acaban de diagnosticar una enfermedad crónica limitante en plena madurez que me ha cogido por sorpresa. *No tiene curación y me limitará cada vez más, pero si pongo de mi parte, la evolución será mejor. No termino de creerme que en un instante la vida me pueda cambiar tanto. A veces pienso que puede ser un error...*

No contabas con esto. Sabías que estas cosas pasaban, y que a ti también te podía pasar, quizá más adelante... pero es muy diferente cuando te lo acaban de decir. Hay quien prefiere empezar por aceptarlo para, después, tirar de la esperanza. Otros la aplican desde el principio para irlo asumiendo poco a poco. Si, como es habitual, el tratamiento y los cuidados pueden mejorar la evolución y reducir tus limitaciones, empieza a participar de ese *juego* entre tu esfuerzo y la esperanza. Aprovecha el combustible que tengas ahora de esperanza, por poco que parezca, para con las energías de que dispongas empezar a pelear. Lo normal es que pronto recojas algunos frutos que la alimenten, generando así un círculo virtuoso. Quizá con el tiempo, si es una enfermedad progresiva, tengas que ajustar tus expectativas para que esa ecuación de *esfuerzo x esperanza* siga dando resultados positivos.

Aunque seas una de esas personas que cultiva la Esperanza es normal que esta noticia te haya golpeado, y tengas que asimilarla. El proyecto de felicidad que tenías para esta vida te ha cambiado de repente, es distinto y más corto de lo que esperabas. Y ¿por qué confiar y seguir porfiando en la pelea? Porque tiene sentido. Sabes —estás convencido— de que, aunque muchos lo vean como el punto final de su vida, para ti es un punto y seguido, y la perspectiva que te da la Esperanza te ayuda a afrontarlo con realismo sobrenatural.

Esta posibilidad, realmente, siempre estuvo ahí, pero es tan fácil y natural ir viviendo el día a día sin levantar del todo la mirada... La Esperanza no es solo el horizonte que intuyes lejano, a la vez que sabes cada vez más cerca, sino que tiene su repercusión en el presente, desde el principio. Si vives conforme a ella, ya la estás saboreando. *Sólo quien puede reconocer en la muerte una esperanza es capaz de vivir también la vida a partir de la esperanza*, dijo Benedicto XVI.

En estas condiciones, te resultará de gran ayuda, quizá esencial, reconocer estas limitaciones como Providencia, dentro del plan amoroso de Dios para ti. Puedo no saber qué me tiene preparado *mi madre o mi padre*, pero será bueno, será lo mejor. Pide, por tanto, más fe en el amor que Dios te tiene, y considera con frecuencia la realidad, humanamente incomprensible, de que te quiere como un hijo, por quién eres. Ahí tienes el *porqué,* y el sentido fundamental de tu vida. Esta época final de tu vida será la previa al abrazo definitivo.

Caso 6. Mi situación es terminal. Tras mucho tiempo peleando contra esa enfermedad, ya no cabe hacer nada más. *Los médicos no saben cuánto tiempo me queda, pero hemos entrado en un camino sin retorno. Se trata de estar lo mejor posible todo el tiempo que se pueda, pero sin emplear unos medios que me aportarían muy poco a costa de una peor calidad de vida.*

Si ya conoces que el final está próximo, plantéate tener una buena despedida, y vivir ese trance con serenidad, en paz, y rodeado de los tuyos. Puedes hacerlo. Si has vivido bien, también la muerte te encontrará bien, aunque, efectivamente, no lo tienes garantizado. En la pandemia fuimos más conscientes que nunca de lo desgarrador que es fallecer en condiciones de aislamiento, y sin margen para dejar atados algunos cabos que suelen aportar paz, prólogo de esa paz para siempre a la que todos aspiramos. Fomenta la esperanza en que ese bien morir sea tu último regalo a los tuyos, aunque desconozcas el uso que harán de esa *herencia.* Pero por tu parte, tarea concluida.

Si le añades la Esperanza, no verás la llegada de la muerte como el final, ni siquiera solo como el fin del declinar costoso de los últimos años. Para quien espera en la felicidad eterna, aunque físicamente la vida sea un crecer para luego menguar, todo ha sido una preparación para este momento. La línea de la vida es una línea progresiva, de crecimiento continuo, para el premio que ahora toca recoger y disfrutar para siempre, para siempre, para siempre.

En la medida que has vivido con Esperanza, todos tus sufrimientos y adversidades siempre tenían en el fondo una traducción en ese camino de preparación para la *gran fiesta*. Durante la vida has buscado algunos porqués, has tirado de pequeñas esperanzas, has tragado con situaciones difícilmente digeribles, porque siempre tenías en el fondo la Esperanza. Esa que te decía que las grandes historias se entienden al final, que para alguien goloso aún queda el postre. La vida te ha alimentado, pero este postre lo saborearás para siempre.

BIBLIOGRAFÍA

- *La felicidad humana*. Marías J. Alianza Ed., 2005
- *Invicto: logra más, sufre menos*. Vázquez M. Círculo Rojo Ed., 2021
- *El estoicismo romano. Séneca, Epicteto y Marco Aurelio*. Gomá J., García Gual C., y Hernández de la Fuente D. Arpa Ed., 2024
- *Pensar en tiempos de crisis*. Cardona J.A. *Shackleton books*, 2021
- *La auténtica felicidad*. Seligman M. Ed. B, 2002
- *Optimismo inteligente. Psicología de las emociones positivas*. Avia M.D., y Vázquez C. Alianza Ed., 1998
- *La vida real en tiempos de la felicidad*. Pérez Álvarez M., Sánchez J.C., y Cabanas E. Alianza Ed., 2018
- *El espíritu de la esperanza*. Byung-Chul Han. Herder Ed., 2024
- *Spe Salvi*. Benedicto XVI. 2007
- *Esperanza para náufragos*. Candiard A. Rialp Ed., 2025

ESTE LIBRO, PUBLICADO POR
EDICIONES RIALP, S. A.,
MANUEL URIBE, 13-15, 28033 MADRID,
SE TERMINÓ DE IMPRIMIR EN
ANZOS, S. L., FUENLABRADA (MADRID),
EL DÍA 15 DE FEBRERO DE 2026.